KINZAI バリュー叢書

預り資産業務の真髄

岡下　和美［著］

一般社団法人金融財政事情研究会

■刊行に寄せて

片仮名用語全盛の時代に「不易」を説く

三井住友アセットマネジメント株式会社 代表取締役社長兼CEO
松下 隆史

「岡下塾」はいま、投資信託販売現場、特に地域金融機関で大層評判になっている。仕掛け人は、弊社の岡下和美顧問だ。

岡下氏には関西アーバン銀行の専務取締役、顧問を経てご退任後、二〇一五年に当社顧問就任をお願いした。

旧住友銀行では、四カ店の支店長、三つのブロック長を務められ、私がまだ駆け出しの本部スタッフの折に個人業務推進のイロハを指導いただいた大先輩である。もう三〇年近くも前のことになる。

私自身、資産運用会社に転じ、再びお世話になっている。

いまなお、労を惜しまず創意工夫をもって活動される信念は、もはや布教活動かと感心させられる。

そんな岡下顧問が個人向けリテール業務、預り資産業務について、上梓されたのが本書である。

平成の三〇年間、金融機関を取り巻く環境は激変し、組織体制、商品サービスに至るまで大改革を遂げた。

預金から資産形成へと声高にいわれて久しいが、いまだ「フィデューシャリー・デューティー」「顧客本位の業務運営」の議論が喧しい。一方で、フィンテック、AIとデジタルディスラプションの波は待ったなしと、販売現場のジレンマ、ストレスは大きい。

かく片仮名全盛の時代に「不易流行」の「不易」を説くのが本書だ。個人リテール業務に奇手妙案はない。すべては、現場を知る、お客さまを知ることから始まる。お客さまの人生に寄り添い、お客さまと感動を共有することが、現場力の源泉だ。

「私の話を聞いて発見があるということは、まだまだ努力の余地があるということだ」と氏は語りかける。

平成の時代から新たな時代へ動くいまこそ、「岡下劇場」の名場面をお届けしたい。

平成三一年一月

■刊行に寄せて

預り資産業務の醍醐味を感じてほしい

日本ＡＴＭ株式会社顧問
（元三井住友銀行専務取締役、ポケットカード会長、三洋信販社長）
松本　睦彦

規制金利下、銀行において個人業務は定期預金と住宅ローンの増強が中心であり、貸出中心の法人業務等に比較して長い間劣位にみられてきた。業法改正、規制緩和の進展に伴い、個人のお客さまに銀行が提供できる商品・サービスが投資信託、年金、保険等と順次広がり、現在では銀行が個人のマネーライフの各面にかかわることができるようになった。

そのような環境変化をとらえ、住友銀行（当時）は平成一一年に本邦銀行として初めて国内営業店の組織を法人営業と個人営業に分け、現在に至るまで個人・リテール業務に特に力を注いできた。私は個人業務の本部の統括部長、担当役員として、現場の支店長、複数支店を統括するブロック部長を務めてきた岡下和美さんと常に語り合い、彼の率直な提言に助けられながら個人業務の改革を進めてきた。

その後、岡下さんは関西アーバン銀行の役員に転出し、同行の個人業務部門の飛躍的強化を図った。現在は各地域金融機関等に向けたセミナー、講演に力を注いでいる。

今般、彼の銀行時代の個人業務への取組みの集大成ともいえる『預り資産業務の真髄』が上梓されることとなった。三〇余年の友人であり、同志であり、個人業務改革をともに進めてきた戦友として大変うれしく思う。

人口減少と高齢化の急激な進展に対応し、政府は業務規制、税務など各面にわたる制度改革を進めているが、なかでも銀行の個人業務に与える影響が大きい政策として、若い時からの自助努力による老後の資産形成の促進ということがある。資本市場の増強のためにも「貯蓄から投資へ」のシフトを進めていくことが、わが国にとって大きな課題となっている。

岡下さんは銀行界で最も早くから個人取引のおもしろさ、奥深さに着目し、現場で、あるいは本部で具体的な実践を一途に積み重ねてきた、いわば「匠《たくみ》」である。本書には、彼の具体的な実践に裏打ちされたアイデアと工夫、ヒントと極意が満載されている。

個人業務の要諦は、それに携わる職員すべてが「お客さまがすべてである」という意識（「お客さま主義」）を共有することにある。

金融機関で個人業務に携わる役員、部長、本部スタッフ、現場の支店長、担当者が本書を手にとり、この匠の技に触れて、お客さまと社会や経済について語り、その人生の一端にかかわる個人ビジネスのおもしろさ、やり甲斐、楽しさ、醍醐味を感じてほしい。
　本書を読めば、だれもが、銀行の個人ビジネスはきわめて意義深く、知的で誇り高い業務であると納得するに違いない。あわせて、この本を手にする方々のこれからが、有意義で誇りある、彩り豊かな人生となることを願っている。

平成三一年一月

■刊行に寄せて

「個人ビジネスは感動のビジネス」の実感を

関西アーバン銀行 代表取締役副会長
北 幸二

「天賦の才」という言葉がある。もって生まれた才能に日々の努力を重ねると伝説の個人営業のプロになるということを、私は岡下和美氏から学んだ。三〇代の頃、住友銀行業務部支店班に籍を置いたが、同時期に岡下氏と机を並べ朝早くから夜遅くまでともに働いた。

当時銀行は、資金調達手段として個人預金の増強を支店の大きなミッションとしていた。そのなかで、個人定期の獲得でズバ抜けた実績をあげた営業マン、それが岡下氏である。もっとも、外見や仕振りからはそんなことは想像もできず、ごく普通の人というのが私の印象だったが、営業のやり方やビジネスチャンスのとらえ方、目のつけどころなど流石と思うことが沢山あった。

その後、私は関西アーバン銀行に転じたが、縁あって岡下氏と再会した。関西アーバン銀行の個人ビジネス、特に預り資産業務は強みの一つであり、そのレールは岡下氏がスタートから立ち上げ、紆余曲折を経ながら現在もその路線を走っている。

組織体制・教育研修・表彰制度など基本となる部分は、なんら変わることなく引き継がれ、その実績は第二地銀のなかでは残高・年間販売額ともにトップ、地銀全体でもベスト10のクラスにある。常に営業現場と向き合い、お客さまの声や職員の動きから次のヒントを掴む手法こそ岡下流営業戦略の真骨頂である。

毎週月曜日朝一番のＴＶ会議で自ら経済情勢・相場動向や新商品の説明など、全店の職員に情報を提供し現場力の強化を図る一方、窓口行員やパート職員の懇親会に経営トップを参加させるなど個人業務への意識向上にも意を注いでいただいた。

本書にあるさまざまな職員のエピソードは、私自身も直接聞いたもので思い出に残っているものだ。「個人ビジネスは感動のビジネスである」。この言葉を一人でも多くの読者に実感してもらえればと願っている。

平成三一年一月

目　次

第1章　預り資産業務の本質

第2章 三井住友銀行での軌跡

第3章　関西アーバン銀行での軌跡

第4章 預り資産業務の発展のために

第1章

預り資産業務の本質

1 基本に立ち返る

預り資産業務の位置づけ

日本の銀行において、個人向け預り資産業務は、融資業務を主体とした法人業務や、資金証券業務などに比し、難易度という観点から低い位置づけしか与えられていない。メガバンクにおいては個人ビジネスと法人ビジネスを分離したことから、個人部門は専門家集団としてそれなりの存在感をもっているが、私がいままで接した地域金融機関の状況には厳しいものがある。

ある地銀で本店営業部の個人専担は三人しかいない。彼らは「手いっぱいです。ほかの職員は預り資産業務にまったく興味を示しません。彼らが関心をもつのは融資だけです」といって嘆いていた。本店営業部でそうだとすると、支店での状況は推して知るべしだ。この地銀に限らずもう少し、個人預り資産業務の位置づけを高めてほしいと常々感じている。

また、地域金融機関の預り資産業務担当部署の担当者からは、毎月分配型商品に対して、本部内でネガティブな対応になっているが、お客さまのニーズは強く、現場は対応に苦慮しているという話も聞く。問題点を指摘されると、即座に反応し、単純にそうした商品などを一律にやめてしまうという個人向け預り資産業務の運営のあり方にも、本質を理解しての対応なのかという疑問を感じる。

融資業務においても、金融機関が自ら企業価値を判断することの重要性が強調されているが、預り資産業務でもお客さまの生活態様や人生に寄り添うということ、お客さま起点という基本に立ち返る必要があるのではないだろうか。

喫緊の課題とされている「つみたてＮＩＳＡ」の普及についても、監督当局からやれといわれるからやるのではなく、フィデューシャリー・デューティー（ＦＤ、顧客本位）の精神にのっとって、地域の人を幸せにするために「つみたてＮＩＳＡ」をどのように活かすことができるかという本質を見極めなければならない。

私はいま地域金融機関を往訪した際に、四五歳から四九歳の給与所得者に対して「定年退職（六〇歳）から年金支給までに五年間の無年金期間が存在します、解決策としてｉＤｅＣｏを始めませんか？」「ｉＤｅＣｏ掛け金の所得控除による節税分（所得税の年末調整による還付）は、「なかったもの」として、つみたてＮＩＳＡによる運用に回しませんか？」と働きかける活動を提案している。職域セミナーでは、四五歳から四九歳の方の身近なテーマとして取り上げ、その効果を社内で伝播し若年層に広げることが可能ではないだろうか。

「自動車税は安くすることはできませんが、将来のための預金をして、所得税や住民税を安くする方法があるのをご存知ですか？」と問いかけると、「えっ、そんなのがあるの」という反応が返ってくる。ほとんどの人がｉＤｅＣｏを知らないのが現実でもある。

金融資産の少ないお客さまに資産形成の必要性を理解していただくと同時に、それをサポートする制度としてｉＤｅＣｏ（個人型確定拠出年金）の掛け金が所得控除されることをしっかり理解してもらうことができれば、ｉＤｅＣｏで軽減される税額を「なかったもの」と考えて、「つみたてＮＩＳＡ」で資産形成するというスキームは、必ず広く国民に理解されるはずである。

「つみたてＮＩＳＡ」の普及をどう図るかという商品としてのとらえ方ではなく、地域金融機関、あるいは地域の人たちの資産形成のアドバイザーとしての将来を見据えた対応は、短期的な面においても必ず効果がある。しかし、地域金融機関を通してみていると、つみたてＮＩＳＡの現状と今後の展望にはかなり厳しいものがある。私の提案のようなスキームも一つの方法であるのかもしれない。

預り資産業務のプロセスは小さい事象ばかりで、文章にすると他愛のないことのように感じられるし、結果としての計数を議論するだけでは、その本質まで見抜くことができない。また、預り資産業務は個人の力量に頼る部分が大きいのだが、その力量を向上させることは可能である。支店長をはじめとした地域金融機関の職員だけではなく、役員の方々にも本書を読んでいただき、預り資産業務の真髄に触れていただくことを切に願うものである。

担い手の声から浮かんでくる課題

私は二〇一八年現在、三井住友アセットマネジメントの顧問として、預り資産業務一七年間の集大成である「預り資産業務について」の研修（岡下塾）を実施している。これまで地域金融機関等三十数行で開催、参加者は全体で約七〇〇〇人（うち支店長三二〇〇人）にのぼり、現在も数行から開催希望の声をいただいている。岡下塾に参加した現場の職員たちから寄せられた声を聞くことで、金融機関における預り資産業務の現状と課題がみえてくる。

支店長クラスからは、

「証券会社でもなく、保険会社でもない銀行出身ということで、銀行での長い経験をふまえた話は説得力がありました」

「『法人取引ではキャシュフローをみるのに、個人はどうしてみないのですか？』という話は心に響きました」

「支店長としての預り資産業務へのかかわり方、部下の育成方法等、今後の支店運営で非常に参考になる点が多くありました」

「預り資産業務推進のマネジメントについて、日々悩んでいることが多かったが、本日の研修で自分の目指すべき方向性や姿が明確になりました」

「預り資産業務のマネジメントにとどまらず、支店経営のマネジメントとして大変参考になりました。今回の研修を参考に部下職員とのコミュニケーションにいままで以上に努力して対応し模範店となるようしっかりやっていきたいと思います」

「預り資産業務担当者は孤独という話がありました。自分自身に預り資産業務のノウハウがなく、担当者が具体的にどういう面で悩んでいるか手探りの状態でしたが、今日の研修で悩みどころのポイントをとらえることができました」

「実績は金額よりも件数（間口）にこだわり、短期的な収益よりも長期的な目線で支店をつくりあげていくことが当行の生き残りにつながることが再確認できました」

「『お客さまを知り、仮説を立てる』ことの重要性を再認識いたしました。お客さまを知るための言葉と、行動は参考になりました」

といった声をいただいている。

いずれも基本中の基本に対する感動の声であり、逆にいかに現場で基本が浸透していないかということである。たとえば、「なぜ個人のキャッシュフローをみる必要があるのか」という疑問に対する回答は、キャッシュフローは個人の生活の基盤になっているお金の入りと出であり、そこをみないで残高だけをみてお客さまに金融商品を提案しても的外れなものになるということである。同じく六五歳で預金を三〇〇〇万円保有するお客さまであっても、二カ月に一度、厚生年金を三五万円受給しているお客さまと国民年金を一〇万円受給しているお客さまに対して提案する内容は違うはずだ。

また、預り資産業務では働く人のモチベーションを高めることがきわめて重要である。なぜなら、お客さまの潜在的なニーズを掘り起こし、解決策としての金融商品を提案するということは、しっかりした事前準備をし、お客さまに寄り添って、お客さまと真剣に向き合うという仕事だからだ。販売担当者のモチベーションを維持することは支店をマネジメントする支店長の重大な責務であるという話をすると、支店長たちは「ああ、なるほど」と納得され、今後、預り資産業務担当者と接するうえで参考になったと感動している。これらは、預り資産業務の基本中の基本なのである。

販売担当者の声は次のようなものだ。

「目からウロコでした。お客さまを知るための新たな着眼点を得ることができました。FDの本当の意味を知り、背筋が正される思いになりました。本日の研修、支店長席にもぜひお願いいたします」

「うわべだけの言葉ではお客さまの心を動かすことはできない。いままでの活動に反省しきりでした」

「お客さまには「今日しか会えない」と思って、事前準備をし、「感動」をお届けすること

の大事さを再認識しました。また、すぐに活用したいフレーズがたくさんあり、とても有意義でした。店内で共有したいと思います」

「もっと長時間話を聴きたいと感じるとともに、悩みを相談したいとも思いました」

「あなたの家族だったらどうするか？　私でも真剣に考えると思います。顧問のいわれたように銀行のためではなく、お客さまのために働く。その結果、選ばれる銀行になるようがんばります」

「数ある金融機関のなかから当行との取引が始まった経緯をふまえ、お客さまのお金の「成因」を確認し、お客さまの「お金」に対する思いに真摯に向き合うことが大切だと感じました」

「最近は仕事にも慣れてきて、日々の数字に追われ、自分本位な商品を販売することもあったなあと反省いたしました」

「顧問の話を聴いて、自分自身のなかで見失っていた気持ちを思い返すきっかけとなりました。いままでは目標に対して一心不乱に行動する日々だったからか、お客さまを知るということが少しおろそかだったのかもしれません。もう一度、お客さま本位という事柄をしっかり見つめ直せたように思います。とても有意義な時間でした。これからもお客さまの「思い」を大切にしていけるよう、日々努力して参ります」

次にローカウンターのテラー（窓口担当者）の声。

「実際の成功例、具体的な手法、考え方等、明日からの営業活動で活かしたいお話が盛りだくさんの大変有意義なセミナーで、参加できてよかったです」

「もっと意識を高くもち、お客さまに寄り添える販売担当者になっていきたいです。ふだんは聴くことのできない話を聴くことができてとてもよい機会となりました」

「ふだんからどういう先に、どういう声かけをすべきかと自分なりには考えているのですが、なかなかお客さまに響きませんでした。これからは「家族をテーマにした話題」でお話していきたいと思います」

「「お客さまに寄り添った営業」に焦点を当てたセミナー、大変参考になりました。お客さまと長くお取引いただくためにも、あらためて感じておかなくてはいけないことがたくさんあり、大変よかったです」

これらをみてみると、やはり、いかに基本的な部分で驚き、感銘しているのかということがわかる。日常業務のなかで商品を販売することが先行し、預り資産業務の基本であるお客さまの生活態様や人生に寄り添うということ、お客さま起点の重要性や、そのための具体的な活動の仕方などが組織において希薄化していること、課題が一人ひとりの販売担当者に蓄積されてしまっているという現状が透けてみえるようだ。

私はセミナーで販売担当者に対して、「みなさんはお客さまにいつでも会えるだろうと思って訪問をしていないか。でも、訪問件数を考えてみてください。一日六件だったら一カ月で一二〇件しか訪問できない。一回アプローチして会えなかったら、もうみなさんはそのお客さまのところには行けないでしょう。だから、そのお客さまに会えるのは今日だけと思って行くのであれば、しっかりと事前準備をするはずです。そう覚悟して会えば、真剣勝負になる。いままではみえなかったものもみえてくるはずです」といった話をする。そして、事前準備の仕方や「その時に使う言葉なども考えておくことだ」と事例をあげて説明している。

これらは何一つ、技術的にむずかしい話ではない。基本的なことを話しているつもりなのだが、それに対して、参加者は驚かれ、納得され、感銘を受けられる。基本の確認をすると、「あ、これだ」と思う人が多いのだ。それは、金融機関のなかで基本をいう人が少なくなったからではないだろうか。また、どの金融機関でも若手に対して、商品、コンプライアンスなどに関する「座学」がたくさん行われているが、基本をふまえた実践的な教育が十分なのかといえば、疑問符がつく。

金融機関を訪問して、若手の教育における課題としてよく聞くのは、指導する立場のマネージャー、グループリーダーへの業務要請が多岐にわたり、教育にまで手が回らないというものだ。昔と違って活動時間の制約もあり、時間的な余裕がなくなっている。また、若手と中間管理職の年齢差が開きすぎ、日常的に教える、兄貴的な先輩が少なくなっているのも一因であるという。

ある研修会場で、開始予定時刻よりも一時間も前から着席している女性がいた。どうしてそんなに早く来ているのか、その理由を聞いてみると、岡下塾に参加した支店長から、いい話が聞けるから絶対遅れるなよ、といわれたという。電車一本乗り遅れると次は一時間待ちといった地方の研修会場だった。

そうした事例をみても、お客さまの気持ちに寄り添うといったことは、金融機関の教育の場で教えきれていないという状況があるのではないかと思う。教科書的には教えられているのかもしれないが、販売担当者の懐にまで手を差し込んで届けるところまでいっていない。基本をイチから確認する場、トータルで実践的な話を聞ける場所がないということではないかと思う。

2 預り資産業務は「感動のビジネス」である

感動のビジネス

では、預り資産業務の「基本」とは何か。私がまずいいたいのは、預り資産業務が「感動のビジネス」であるということだ。

滋賀県に本当に静かな町がある。そこにある関西アーバン銀行の支店に、大変優秀な女性のベテラン販売担当者がいる。彼女はお客さまから人気があって、お客さまはいつも彼女の顔を見に支店にやってくる。彼女のほうもお客さまに電話をして「○○さんお元気にしておられますか？病気は治った？　そうですか、よかったですね」「また、お店にいらしてくださいね、お待ちしております」と、コミュニュケーションをとっている。

私は支店に来たお客さまに、「なぜ彼女のところに来るのですか？」と聞いたことがある。すると、「彼女に会うと元気になる」という答えが返ってきた。何にもない町だけれども、彼女の声を聞くと明るくなれるというのだ。銀行の店舗は、地域に存在する以上、地域でなんらかの役割を担わなければならない。この支店は地域で、お客さまの命の次に大事なお金を預かり、資産形成のお手伝いをするという役割を担っていた。そこでコミュニケーションが発生して、お客さまは彼女が自分のことをよく知っていると感じているものだから、彼女を頼ってしまうのだ。

別の中国地方の地銀に優秀な販売担当者がいるというので、会いに行ったことがある。彼女もお客さまとのコミュニケーション能力に優れていた。彼女はお客さまに会ったら、必ず後で手紙を書く。もちろん、手紙を書く職員はほかにも多くいるが、彼女の場合、面談のお礼の後に「追伸」をつける。そこに書いてあることがすごかった。

あるお客さまは公務員だが、米もつくっていた。彼女はそれを面談で聞いて知っていたので、追伸として「○○様にとって、今年の秋も実り多いものとなることをお祈りしております」と書いた。お客さまにしてみたら、「ここまで自分のことを思ってくれているのか」と感動するだろうから、次回の面談のアポイントメントはとりやすいだろう。

私の過去の経験から、販売担当者に「訪問先や面談先が少ない」と指摘すると、一様にみんな「不在先が多い」「アポイントメントをとれない」と言い訳をする。しかし、私がいいたいのは、そうした販売担当者たちが「お客さまにどうしたら受け入れられるか？　どうしたら会えるか？」と必死になって考え、手段を尽くしているのかということだ。恋人に会うためには努力するはずだ。一方通行では商品は売れない。お客さまの心の琴線に触れたときに、初めて本気で話を聞いてもらうことができ、その結果、その商品が必要であると理解し、納得して買ってもらえるのだ。これが、私が「銀行の預り資産業務は感動のビジネスである」と主張するゆえんである。

預り資産業務の基本項目

預り資産業務が「感動のビジネス」であるということをふまえて、預り資産業務の基本項目を列挙しよう。

お客さまを知るということ

これは預り資産業務を行ううえでの絶対要件である。金融商品は目にみえるものではない。その商品がお客さまのニーズにあった商品なのかを判断するには、お客さまのことを知る以外の方法はありえない。お客さまのことを知って、お客さまのニーズにあった商品を販売した結果として、お客さまに信頼される（信じてもらえる）のである。

お客さまの潜在的なニーズについて仮説を立て、お客さまに気づいてもらい、解決手段として金融商品を提案する

まずはお客さまのことを知る。そのうえで、「このお客さまにはこういう商品の提案が考えられるのではないか」という「仮説」を立てることが重要になってくる。私はよくセミナーで参加者にこう話している。「証券外務員という金融商品を販売する公的な資格を与えられたのはみなさんだけですよね。コンビニやスーパーでは売れない商品をみなさんは売っているんですよ。それなら資格に見合った売り方をしないといけません。ただ目の前にある商品を売るだけではな

く、お客さまのニーズについて仮説を立て、そのニーズの解決策としてお客さまにあった商品を提案し購入してもらう。まさに金融商品のコーディネーターにならないといけないのです」と。

商品販売にあたって、説明はていねいにわかりやすく

お客さまにどういった商品なのかを理解してもらうことは、それほどむずかしいことではない。しかし、それだけではいけない。「理解」と同時に「納得」をしてもらわなければならない。「納得」とは、お客さまがその商品を買うことで、どういうメリットがあるかについて腹落ちするということである。お客さまに「買ったことは失敗だった」という思いをさせてはならない。それは、前項で触れた潜在的ニーズと絡んでくるものである。

決して商品ありきの販売はしない

前々項、前項の当然の結論として、商品ありきの販売であってはいけない。

販売後のアフターフォローが、お客さまとの信頼関係構築の始まりである

アフターフォローはやって当たり前のものだ。とりわけメガバンクではやれないことをやるのが地域金融機関の役割である。たとえば、あるお母さんが二人娘のお姉さんのほうの成人のお祝いで有名ブランドのバッグを買ってあげたとする。買った店が大手の百貨店だったら、次に妹さんが成人する際、誕生日にそのお母さんのところに、「妹さんにもいかがですか」などという電話がかかってくることは、まずないだろう。しかし、地元に根差した専門店であれば、「バッグの具合はいかがですか？　お姉さまがすごく喜ばれたというお話でしたから、妹さまに新しいデザインの商品はいかがでしょう。さぞかしお喜びになるのではないでしょうか」という電話をかけてくるかもしれない。地域金融機関はこの専門店のようなアフターフォローを心がけるべきである。

銀行のためではなく、お客さまのために働く

金融商品を販売するのは、お客さまに喜んでもらうためであり、金融機関が儲けるためではな

い。お客さまに喜んでもらえた結果、選ばれる銀行になる。本末を転倒してはいけない。

3 預り資産業務は「現場」に答えがある

販売プロセスにこだわる

次に預り資産業務を成功させるには理念やポリシーも大事だが、その一方で、一つひとつは小さな施策を積み重ね、そのアクションプランを実行し、どのような効果があったかを必ず検証し、スピード感をもって改善し、効果をさらに高めていくことが肝要である。預り資産業務は現場がする仕事なので、現場の担い手が働いてくれないとどうにもならない。典型的には、大手の衣料品店を思い浮かべるといい。一人ひとりの店員がお客さまの動向に応じて、服をたたむ、接客、縫製など数多くの役割をこなしている。少ない人数で効率的に業務を遂行することで、利益をあげることが可能となる。銀行の預り資産業務も同じことだ。

現場での活動は、「理にかなったもの」である必要がある。目的と手段が合致しているか、目的を達成するための「本質的」な取組みか、「枝葉末節」ではないかといったことを確認したうえで、預り資産業務が推進されなければならない。実質的な中身を伴わない表面的な数字だけでとりつくろうことばかりをやらせて、日々の活動が徒労に終わるようだと、現場スタッフのモチベーションが下がる。

また、販売実績や残高増加といった結果のとらえ方も見直されなければならない。プロセスさえ間違っていなければ結果はついてくる。逆に、プロセスへの配慮が十分になされず、結果の数字だけをみて販売担当者に単に檄を飛ばすだけでは、十分な結果がついてくることはない。そうした観点から、本部の役割機能をいま一度問い直す必要がある。本部は販売担当者の活動状況、お客さま管理のあり方などについて、あらゆる検証を行ったうえで現在の実績を評価しなければならない。

たとえば、地道な新規のお客さまの開拓で投資信託を二〇件・一億円販売した支店と、相場の好転を受けたお客さまからの利益確定売りの結果、その資金で一件・一億円販売した支店を考えてみよう。地道にお客さまを増やして残高を積み上げた販売担当者と、結果として乗換え販売で収益目標を達成した販売担当者のどちらが、将来その金融機関を支えていく人材になるかということだ。

つまり、結果の数字だけをみるのではなく、お客さま起点で考えるべきであり、一回限りの大口販売だけではなく、お客さまにとって時間や資産の分散効果につながる販売活動や、つみたてＮＩＳＡ、ｉＤｅＣｏの提案などを通じた若年層の資産形成に努めているかが問われなければならない。お客さまの資産形成における成功体験が次の投資へつながり、それが好循環となり、預り資産業務が安定的なものになるということである。

私は金融機関の実態のすべてを把握しているわけではないが、いろいろな金融機関に出向いて話を聞いていると、そうした検証があまり行われていないという実態を垣間見ることがある。ということは逆に、まだまだ預り資産業務には改善の余地が多く残されているということでもある。大事なのは現場のプロセスであり、結果は後からついてくるという考え方である。

間口を広げる必要性

いま金融界で、資産運用のアドバイスをＡＩ（人工知能）やロボットで代替しようとする動きがある。一定の顧客層に、そのようなニーズがあることは否定できないだろう。しかし、インターネットを通じたリモート化の議論と同様、ＡＩの目的は効率化によるコスト低減にあると思うが、それを超えて売上げの拡大につながるのか。それについて、私は現時点では懐疑的である。

お客さまがいったん購入された投信を解約するときに、人手を介さないで処理するニーズは高いだろう。また、販売担当者から説明を受けて購入するという意思決定をした後に、実際に購入するための手続をする場合にも自動化のニーズは高いと思う。しかし、「購入する」という意思決定をするまでには人と人とのコミュニケーションが絶対に必要である。

マーケット全体をみて、店頭やネットで能動的に投信を買っていくお客さまは、まだまだごくわずかだ。したがって、資産形成・運用の必要性をご理解いただき、お客さまの数を増やしていくためには、販売担当者がお客さまと一対一でコミュニケートしていくしか方法がないのではないか。

地銀・第二地銀の預金を含めた預り資産約二四〇兆円のうち投信は約一〇・三兆円、四・三％にすぎない。顧客数でみると、三％くらいになってしまうはずだ。預り資産業務の発展にとって、顧客基盤を広げることがまず必要だし、その余地は十分にあるといえる。

銀行がお客さまの悩み事に対してどのようなサービスを提供できるのかは、お客さまに十分に知られていない。第3章で述べるが、関西アーバン銀行では、預り資産残高が一定額以上の先をリストアップし、重点地域を決めて、そのなかの対象先を徹底的に訪問し、お客さまを知り、ニーズ喚起をし課題解決策としての提案を多く行っていった。

有人店舗の周辺地域で一定額以上の資産をもつ人々に対して（すべてのお客さまに対して販売担当者が対応することは不可能であることから一定額以上のお客さまとしている）、銀行はもっと積極的にアプローチしていくべきだ。私は地域金融機関の支店長会議などで講演する前にその金融機関の支店を何カ店か回り、データをみながら、自分がここの支店長だったら、本部役員だったらどのような運営をするかを考えてみる。

ある地銀では、「みなさんはこの銀行の預り資産業務をつぶす気ですか」といってしまった。「支店では単に事務をやっているだけ。なぜ一人ひとりのお客さまに電話でアポをとったりして、ていねいに資産形成・運用の重要性を訴えていかないのか。この半年の間に支店で投信を買ったお客さまの名前を書いてください。そのお客さまの預り資産残高、半年間で何回、投信を買っているかを調べてみてください。本当に狭い範囲のお客さまにしか販売していないのではないですか？」と。

お客さまの間口を広げなければ、預り資産業務の発展はありえない。もっと多くのお客さまに対して、資産形成、運用の必要性を訴え、将来にわたる生活設計の一助となるべく活動していくべきである。地域金融機関を往訪した結果から、私はまだまだその余地は十分あると感じている。本書では、そのために私の預り資産業務での経験、知見のすべてを明らかにしていくつもりである。

4 支店運営の考え方

モチベーションがすべて

前述のように、私は常々、金融機関の預り資産業務担当者や支店長に対して「投信や保険の販売は、百貨店やコンビニではできない。公的な資格に基づいて行う仕事であり、販売担当者は金融商品のコーディネーターとして自信と誇りをもって販売に取り組んでいくべきだ」と話している。それは、預り資産業務の成果をあげるためには、販売担当者のモチベーションを上げることが最も重要だからである。

私が一〇年間にわたり預り資産業務に携わった関西アーバン銀行では、投資信託の預り残高は旧びわこ銀行との合併効果や基盤顧客の増加などの効果もあり、大きく増加した。そう聞くと、さぞかし相当な勢いで目標達成に向けたプレッシャーをかけたのではないかと思われるかもしれない。しかし、実際は決してそうではない。販売の担い手も、スタート時は女性のパート職員が主力だった。

では、そんな体制でどうやって飛躍的に残高を伸ばしたかといえば、ターゲットとするお客さまを明確にして積極的にアプローチし、お客さまの状況を理解し、そのご意向に沿った金融商品の提案を行うという基本に忠実な活動を繰り返してきた結果にすぎない。そんなことは、どの企業でもやられていることだ。第3章で関西アーバン銀行における取組みを紹介するが、読者は「なんだ、そんなことか」と思われるかもしれない。実際、その程度のことなのだ。そこにウルトラCや奇策はない。

しかし、その「当たり前のこと」をきちんとやっていくためには、預り資産業務に従事する販売担当者のモチベーションがきわめて大事なのである。普通預金や定期預金の用件であれば、お客さまが自ら店頭に来られるから、受付をして手続を進めれば取引が成立する。しかし、投資信託や年金保険などはお客さまが購入するために自発的に店頭に来られるケースは少ない。ニーズも顕在化していないお客さまから一生懸命にニーズを引き出し、お客さまに寄り添って解決策としての金融商品を提案し、納得してもらったうえで購入の決断をしていただく。それを繰り返すことで、また次へとつながる。これらをすべて、基本的には販売担当者が一人で行うのである。

販売担当者のモチベーションを上げる。その音頭とりは支店長の仕事である。「預り資産業務は任せたよ」ではなく、「一緒にやっていこう」と声をかけること。それだけでも支店の雰囲気は変わってくるのである。

私の経験から、支店長の仕事は三つに大別されると思われる。一つ目は、「お客さま対応」、二つ目は「本部対応」、三つ目は「部下対応」である。なかでも部下のがんばりを見届け、その背中を押してあげることは支店長にしかできない重要な仕事である。

支店長自身が対応できるお客さまの数には物理的限界がある。そのかわりに部下たちが対応してくれるわけだが、部下たちが疲れ果てた感じでお客さまのところに出向き、「仕事しんどいですわ」といっていたら、お客さまはどう思うだろうか。お客さまがそんな対応を望んでいるはずがない。お客さまは、販売担当者が支店長の名代として対応することを願うはずである。

一方で、部下は上司である支店長が「自分のこと、自分がやっている仕事をわかってくれている」ことを望んでいるはずだ。そして、自分のやっていることを「認めてもらっている」と感じることが、部下たちの働く意欲につながるのである。

そこで、支店長は部下のことを本当に理解しているか、そのためにどういう努力をしているかが問われることになる。以下では、いくつかのテーマに沿って私の経験を紹介したい。

(1) 日誌

一つ目は、「日誌」というテーマである。

旧住友銀行の支店長時代、日々の業務を終わらせた女性職員が支店長席の前に来て、「お先に失礼します」といって帰ろうとした。為替事務の元締めをしている中堅の女性職員だった。私はいつもの「ご苦労さん」というねぎらいの言葉をかけた。すると、彼女はふと立ち止まり、「支店長、今日のご苦労さんは、昨日のご苦労さんとどう違うんですか？」と真剣な顔つきで聞いてきた。

私は一瞬「えっ」と思ったが、即座に「今日のご苦労さんは、給与振込みのデータの持込みが完了したことへのご苦労さんや。昨日の日誌に、あと二社ですと書いてあったやろ」と答えた。すると、その職員はニッコリと微笑んでから元気に、「失礼します」といって帰って行った。そのことがあって以来、彼女の動きは生き生きとなった。

私は、部下とのコミュニケーション手段として日誌を使っていた。支店長として着任したときに、「日誌に、忙しかった、閑散としていたなどといった感想みたいな記述はいらない。担当する仕事で困っていること、こうしたらもっと楽になるのにといった、業務内容で思いついたこと、支店の業務のなかで改善したらいいのにと気づいたことを書いてください」といった。

そして、日誌に改善事項として大事だと思われることが書いてあったら、必ず担当のグループ長に指示を出し、すぐ改善するようにしていた。すると、提案者は「あっ、いま支店長が私の提案したことについて対応してくれている」と、表立ってはいわないかもしれないが、必ず感づいてくれる。そうした対応は、職員同士でも話題になり、日誌に書かれることが増えてくる。それが一年間続いたときに、店内の雰囲気がどう変わるかは想像がつくだろう。

支店長が、部下の仕事を一〇〇％知ることは不可能だ。しかし、課題や問題点が日誌に書かれていたら、直接出向いて現場をみて、何が問題なのかを理解することはできる。支店長という立場にいれば、必要であれば他の部署の協力を要請することもできるだろう。

いずれにせよ、「あなたの仕事の大変さ、わかっているよ。でも、見届けているからがんばってくれ」というメッセージが届けば、最高の支店運営になるはずだ。そのための一つの有効なツールが日誌なのだ。たかが「日誌」、されど「日誌」である。

⑵ ほめる

二つ目は、「ほめる」ということである。

仕事の一年間は長い。だから、私はひと月ひと月で区切りをつけ、がんばった人にはご苦労さんというねぎらいと感謝の意を込めて、宛名を手書きした表彰状を渡していた。

私が転勤で、ある支店を去ることになったとき、送別会の席上で、庶務職員のAさんが私のところにあいさつに来て、ビールを注ぎながらこういった。

「支店長、表彰いつもありがとうございました。いただいていた図書券を子ども四人に順番に渡していたので、子どもたちはいつも「お父さん、がんばってね。次はぼくの番だよ」といって、私が表彰されて図書券を家に持ち帰るのを待ってくれていたんです。本当にありがとうございました」(当時は、奨励品として図書券を職員に交付することが可能であった)。

Aさんの目標は、ATMコーナーで振込みをされるお客さまに、振込カードを月間二〇件つくってもらうというものだった。振込カードとは、定例の振込先の銀行名、支店名、口座番号を事前登録しておくと、後は金額だけの操作で振込みが可能となるカードのことだ。銀行にとっては、ATMの操作時間の短縮というメリットがある。この職員は私の在任期間中の二年間、毎月表彰を受けていた。私は「すごいな、よくがんばってくれるな」と思って表彰していたのだが、その結果、子どもたちにとっても、銀行でがんばって表彰をされるような自慢のお父さんになっていたわけだ。

こんな事例もあった。三井住友銀行でブロック長をしていたとき、傘下の支店で女性職員が二年足らずの勤務の後で退職したのだが、退職の三日後に、その職員のお母さんから電話をもらった。「娘が銀行のことを話してくれたのは、ブロック長から表彰状をもらった時だけでした。いつもは帰ってすぐ二階に上がっていくのに、この時だけは「表彰状もらったよ」とニコニコ笑って話してくれたんです。娘に銀行での楽しい思い出をつくってくださってありがとうございました」。私はこの話を聞いていて、目頭が熱くなった。

表彰というのは一つのかたちでしかないが、表彰をきっかけにして、職員たちの人生のなかできわめて感動的なドラマが生まれることもあるということを知ってほしい。

(3) 感動

三つ目は、「感動」ということである。

関西アーバン銀行で個人業務担当の役員だったとき、窓口で投信・保険販売に携わる女性職員から、夕刻に電話をもらった。転勤が決まった日、お客さまにその報告とごあいさつの電話をしていたら、あるお客さまから「おめでとう。いつまでその支店にいるの？」と聞かれたので、「明後日までです」と答えたそうだ。すると、今朝、開店と同時にお客さまが来て、封筒から一〇〇万円を出して、「あなたが、この間勧めてくれたファンド買っとくわ。あんたへの餞別や、次の店でもがんばりや」といわれたというのだ。

彼女は「私はうれしくて、感激のあまり号泣してしまいました。この仕事をやっていてよかったです。こういう機会を与えてくださってありがとうございました」といった。私は「よかったな、がんばった甲斐があったな。この感動を忘れずに、次の支店でもがんばってください」と励ました。

私はほとんど毎日、販売実績をみながら一〇人から二〇人の販売担当者に電話をしていた。そして、商品販売の経緯を聞いた後で、「よい対応だな、ご苦労さん」と自信がつくような言葉をかけていた。預り資産業務では、だれかが背中を押してくれること、見守っていて、いざというときには後ろ盾になってくれると感じられることが販売担当者の力になるのである。

(4) 意識改革

最後に、「意識改革」というテーマについて述べよう。

支店長として、気になるのが事務ミスだ。金融機関において、事務は営業活動と並んで「車の両輪」といわれている。事務が安定しないと、午後三時の閉店後が気がかりなものだ。

事務ミスを一〇〇%なくすことはできないが、その発生の確率を限りなく引き下げることはできる。私が超多忙店の支店長を務めていたとき、来店客は一日一万人（含むATM）、窓口に来るお客さまは四〇〇〇人にのぼった。お客さまからの電話も多く、パートを含めて八〇人が内部事務に従事していた。そこで、私は事務ミスをできるだけ少なくしようと考え、開店と同時に営業フロアで「退店準備を始めてください」といって回った。早く帰りたいのはみんな同じだ。だから、早く帰るために、発生した仕事はその場で片づけることにしようということだ。そうすれば、集中力が上がってミスを防ぐことができると考えた。

たとえば、検証印を押した帳票をしまうために、キャビネットを金庫から出して置いておくのではなく、職員のほうが直接金庫に行き、キャビネットに帳票を収める。電話による照会に対する回答なども、いつでもできるからといって午後三時の閉店後に回すのではなく、照会を受けたその場で片づける。後回しにすれば、それが積み重なって、どうしても面倒に感じてしまうし、本来は即答すべき事項であれば、時間が経過すると回答の意味がなくなってしまうこともある。

すると、職員みんなに仕事をその場で片づけるくせがつくようになった。日中からキビキビした行動をとれるようになり、店内に心地よい緊張感がみなぎるようになった。その結果、ミスやトラブルは大きく減った。

職員たちの意識が変わり、それが行動に表れて成果が出たということだが、そうした意識改革のためには支店長の采配で定時前である一六時四五分での退店を現実に実行することが必要だった。「意識を変える」という言葉だけでは、なかなか意識は変わらない。実際にやってみることが必要なのである。

支店は「舞台の興行」

そうはいっても、銀行の支店運営は長丁場で季節的な変化もない。だから、支店の仕事はどうしてもマンネリ化しやすい。そこで、私はいつも次のような「支店運営の考え方」をみんなの前で語って、モチベーションアップを図ってきた。支店の仕事を芝居（舞台）になぞらえたものだ。これが私の個人ビジネスに対する考え方のエッセンスだといってもいい。

「私の支店運営の考え方」

支店は一カ月一カ月の舞台の興行だ。
お客さまが、また見に来ていただけるような舞台にすべきだ。

演じる人たちは常に自分のベストを尽くす。
演じて絡んだ相手の人がセリフを間違えたらカバーし合い、
みんなで舞台を切り回すことである。
自分一人ではできないのだから。

常に観客にみられている、どんな脇役であろうが。
観客はみんなの一挙手一投足を観ている。
みんなが同じベクトルで演じることだ。

今日の舞台はどうだったか日々反省し、
明日につながる工夫と努力が肝要でもある。

そして一カ月が終わったとき、
緞帳が降りてみなが歓喜の声を上げて千秋楽の余韻を味わい、
明日から始まる次の舞台に備える。

ややもすると、マンネリ化しやすいなかで、
日々新たな気持ちで取り組めるように、
支店の運営を、舞台に置き換えて職員を鼓舞する旗振りをしてきた。

それぞれが持ち場、持ち場でベストを尽くしてくれた。

そして、部下職員一人一人が成長していった。

ここでは「支店」といっているが、預り資産業務に関しては「金融機関」全体に置き換えても、私にとっては同じことだ。それでは、私が三井住友銀行や関西アーバン銀行という舞台で、お客さまを前にして、どのような芝居をプロモートしてきたか、演じる人々をどのように振り付け、鼓舞してきたか、読者にとくとみていただくことにしよう。

第2章

三井住友銀行での軌跡

1　梅田ブロック長まで

立花支店で営業に開眼

私は一九六九年に鹿児島の大口高校を卒業し、旧住友銀行に入行した。最初の店舗は大阪市阿倍野区の天王寺に近い下町の美章園支店だった。入行三年目の弱冠二〇歳で渉外担当を任された。当時行内で最年少の渉外担当者だったと記憶している。普通は二四、二五歳での任命だったが、窓口でのセールスや、事務効率化を目的とした「行務改善提案」での改善案採用などチャレンジングな姿勢を評価していただいたのかもしれない。組合の委員長を経験した重厚感あふれる支店長であったが、よく任せていただいたものだと感謝している。

次の立花支店は住宅地域であり、住宅店舗としての使命は預金を集めることだった。当時は規制金利、融資の総量規制の時代で、どの銀行も同じ金利で預金を集めた。差別化要因は、銀行の信用力と販売員のコミュニケーション能力しかない。

しかし、効率よく預金を集めるために、銀行なりの努力をしていた。基本的な考え方は、普通預金口座に各種自動振替サービス等の支払項目、資金流入パイプとして給与振込み、年金振込指定等をセットして利便性を高めて日常取引を獲得し、ボーナス時期に定期預金で上積みするということである。

ボーナス月運動は必ず支店をあげて推進するかたちをとり、支店長の采配でいろいろな工夫がなされた。

そこで私は、営業の本質とは何かが少しは理解できた。具体的には、お客さまをよく知り、親密度を高めて、潜在的なニーズがあるお客さまを数多くもつことの重要性だった。成約見込み先があったとしても、必ずしもすべてのお客さまと成約ができるものではない、成約見込み先は可能な限り増やす。そのためには、ニーズのあるお客さまとの接点を多くつくることが大事であった。そして、当時は三〇〇万円の非課税枠を使った「マル優預金」が銀行の主力商品だった。「マル優預金」の枠をとることが活動のポイントでもあった。いまの投信のコアファンドのようなものだ。このような活動に私の原点がある。

その後、西野田支店という商工業店舗を経験した。転勤したら最初の六カ月間で個人取引の営業基盤を築く、次の六カ月間で中堅・中小企業取引をマスターする、最後の六カ月間で集大成を行うという課題を自分に課してきた。この店の支店長は代々、行内でも重要な役職につかれるという名門店だった。

組合専従で銀行の中枢に触れる

一九七九年、二八歳の時に従業員組合の山口道生委員長の執行部で専従職員を一年間、務めた。ここで、後に関西アーバン銀行頭取となる伊藤忠彦さん、三井住友銀行の専務執行役員になる松本睦彦さんと出会った。執行部の委員長以下一一名の優秀な先輩方と出会うことによって、ものごとには必ず理論、理屈があること、本質を見極めることの大事さを学んだ。

同じ頃、二つの研修に参加させてもらった。大阪四條畷にある研修所で、六カ月間、在阪企業の同年輩の人たちと論語や東洋思想を学んだ。毎月土日の合宿での議論によって、大局的なものの見方を教えてもらった。また、大磯のホテルで行われた都市銀行一三行の若手が集う研修では、当時の大蔵省の方の講話や、専門家による世界の気象変動や人口動向に関する講義があり、世界に視野を広げることができた。

西宮支店での富裕層取引

次の西宮支店は西宮市の高級住宅街をマーケットとする店舗だった。ここでは個人営業、法人営業とも担当したが、特に新たに開設された苦楽園出張所での営業活動が中心だった。苦楽園は東京でいえば田園調布のような高級住宅街で、大きな邸宅を訪問して、営業活動をするうちに、どんなに功成り、名を遂げた人でもやはり生身の温かい心をもった人間であり、慇懃無礼な対応より、親身なコミュニケーションのほうが相手の心に響くことを知った。

自分自身の営業成績は大事だが、やはり相手の立場に立って、お客さまのことをよく知り、課題に気づいてもらい、「課題解決の手段として必要なら買ってください」という姿勢で臨む必要がある。当たり前だが、お客さまに何とか買ってもらおうという自分本位の考え方では、限界があるということである。

個人取引は心理学でもある。お客さまの気持ちを読み取って、それに沿って対応することがすべてだ。この考え方は私のバックボーンになっている。第1章の「4　支店運営の考え方」で述べたように、部下に働いてもらうときも、原理原則は同じだと思っている。

業務部で支店運営の極意を知る

西宮支店で支店長代理を務めた後、六年七カ月間は、本部の業務部で支店をサポート、コントロールする仕事をやった。一九八四年、三三歳の時だ。業務部は銀行の方針に基づいて各支店の予算を管理し、各支店に対して予算達成のための推進策の周知徹底を図る部署でもあった。

私は業務部のなかで推進項目として個人取引を担当し、支店班として一五カ店を受け持っていた。そこには個人店舗として有力な高槻支店があった。ここで個人取引の現場を知り、それを本部の推進企画に反映するということを学んだ。

当時の支店班スタッフの年齢は三〇代前半で支店長よりもはるかに若かった。銀行としては、若い職員はシニアの職員のように忖度をしないから、支店長に率直な意見をぶつけられるし、それが私たちのような若い職員の成長にもつながると考えていたのだと思う。支店をよく知り、支店長と同等の判断をすることが期待されており、責任ある任務であった。

業務部では、その後の私の多くの取組みにつながるさまざまなことを学んだ。

目標設定は支店の地盤に即したものとし、個々の職員が向上心、推進する喜び、達成感を味わえるようなものでなければならない。支店班として、支店のあらゆる階層の職員に接したため、支店を動かしているのは人であるということを実感させられた。

また、支店の活動のなかでは、先駆的な取組み、好事例など次につながるような萌芽的な現象が常に起こっている。それを担当するほかの支店に伝えていくことも支店班の役割であった。そこで私は、将来の実績の予備軍づくりとして顧客基盤を広げることの重要性、顧客基盤を広げるために渉外担当者が担当地域全域を毎日回るのは非効率であり、集約して活動するほうが効果的であること、パーソナルタッチだけでは限界があり、お客さまを知ることが重要であることなどを多くの事例から学ぶことができた
支店班として毎月初めに前月の担当支店の業績、活動状況を業務部長に報告した。そのために

は、単なる結果としての数字だけではなく、ほかの支店と何が違うのか、支店長独自の具体的な施策や行動状況をとらえておくことが必要だった。そして報告の後には必ず、「あの支店長はどうや」と聞かれた。つまり、仕振りである。人材が育っているか、職員がやる気を出して、意欲的に仕事に取り組み、誇りをもてるように支店運営を行っているかがみられていた。

業績だけがすべてではない。それが旧住友銀行のよさだった。私たちは「あの支店長はどうや」と聞かれると、「あの支店長は部下の教育に熱心に取り組んでいるし、店内のコミュニケーションもいいです。足もとの業績はいまひとつですが、半年くらいしたら上向いてくるのではないかと思います」というように答えたものだ。

阪神・淡路大震災に遭遇

業務部の後は、なにわ筋支店、広島支店で副支店長を務めた。なにわ筋支店は開設一年目の新しい支店だったが、これと対照的にその次の広島支店は業歴九〇年の歴史がある店で、銀行に対する取引先からの信頼度は高く、支店長や支店幹部宛てに来店される企業関係のお客さまも多かった。店の歴史が違うと、こうも支店運営の安定度が違うものかと感心した。職員も取引先との対応のなかで成長していく。やはり「事業は人なり」なのだと実感した。

二年ずつの修業期間を経て、一九九四年、四三歳の時に初めて甲子園支店長を拝命した。一〇月に着任し、翌年一月に阪神・淡路大震災が起こった。周りでは多くの人が亡くなっていて営業どころではない。六カ月間、ロビーに花を飾って、来店した人に持ち帰ってもらったり、被災地のお客さまに水や果物をもってお見舞いに行ったりした。

駅前のATMの入っているビルが倒壊したので、本部からは現金の入っているカートリッジを確保せよという指示が来たが、ビルでは人命救助をやっている。銀行とは何なのかと思わざるをえなかった。支店は店の職員が守らなければならないし、自分の身は自分で守らなければならない。そのためには、自分の信念に従って行動するしかない、その責任は自分がとればよいと悟った。

一九九六年に三田中央支店の開設準備委員長を任ぜられ、開設後は同支店の支店長になった。兵庫県三田市は人口一一万人の都市で、人口が増えていた。東京都の日野市と同じくらいの人口増加率だったと記憶している。旧住友銀行最後の支店開設だった。

支店開設準備作業の間、新規のお客さまとの取引を推進することに努めた。その後、同じ三田市にあった旧さくら銀行の支店長（当時）とは、同行と旧住友銀行との合併の結果、同じ銀行に勤めることになった。後で聞いたところでは、三田中央支店での私の行動をずっと把握しておられ、それも刺激となり、旧さくら銀行の三田支店の業績もすごくよかったとのことだった。神戸ブロック長を務めたとき、この方に神戸の有力者の方々を紹介していただき、ブロック運営をスムーズに進めることができた。

投信窓販の開始

一九九六年から金融ビッグバン（規制緩和）が始まり、一九九八年一二月から銀行の投信窓販が始まった。当時、個人取引については「銀行の個人取引は儲からない。儲かるのは住宅ローンくらいだが、利鞘がうすい。だから、銀行での取扱いが解禁された投信窓販に取り組む必要がある」といわれていた。そして、個人に対する証券ビジネスを早期に立ち上げるため、外部から経験者を役員に招へいした。

私は一九九八年、三田中央支店長から大阪の和泉支店長に転じていた。そして、旧住友銀行では翌年から営業現場における法人と個人の分離が行われることになった。各支店長は法人部門と個人部門のどちらに行くかを迫られることになり、私は個人部門に手をあげた。

なぜ個人部門を希望したかというと、業務部にいたとき、預り資産業務における現場代表的な立場で、現場と本部との間の施策のすりあわせや企画立案にあたっていたからだ。預り資産業務について起案・提言し、本部の関係各部とやりとりをしていた。また、当時、本部で預り資産業務を担う各部の部長は、かつて私が預り資産業務の要諦を教えた人たちでもあり、個人分野であれば、私もなんらかの寄与ができるのではないかと思った。自分でいうのも口はばったいが、

「個人取引のことなら岡下に聞け」といわれたのもこの頃だった。

旧住友銀行では一九九七年に旧山一證券の職員を採用し、彼らの力を借りながら投信ビジネスを立ち上げていった。私は和泉支店で、営業職員に顧客アンケートをとらせた。お客さまに価格変動リスクを許容するか、許容するなら上下一〇％、二〇％、三〇％のうちどれほどかを聞いたのだ。リスクを許容するお客さまは思ったより多かった。

このアンケートの結果は、預金から資産形成への一助となるように、銀行のお客さまに対しても預り資産業務をしっかりと推進していこうと決心する一因となった。預り資産業務がスタートした時期でもあり、銀行全体はそれほど積極的に投信を販売していくという雰囲気ではなかったが、私は「これなら投信販売を積極的に推進すべきだ」と思った。

ただし、銀行は当時、「るいとう」（株式一単位の価格が高い銘柄を販売会社名義で所有し、少額の積立て投資を可能とする手法）を取り扱っていたが、なかなかむずかしかった。つまり、リスク商品を買うためには、報酬、家賃などにより、定期的に生活費を大きく超えるキャッシュフローを得ていなければならないということだ。当時、購入者に若い人がほとんどいないことも特徴的だった。

ブロック長として支店を統括

当時、本部戦略として打ち出された施策は、各支店を富裕層を対象とするプライベート・バンキング店舗と資産形成層を対象とするファミリー・バンキング店舗に分けることだった。しかし、実際には支店には富裕層と資産形成層が混在している。両方の指示が支店に来るものだから現場は混乱した。そこで、指揮系統の再統一化が図られることになり、松本睦彦専務執行役員（当時）が個人部門を統括することになった。

私は二〇〇〇年に梅田支店長に転じ、二〇〇一年の旧さくら銀行と旧住友銀行の合併による三井住友銀行の誕生と同時に大阪第三ブロック長、二〇〇二年に梅田ブロック長となった。ブロック制は合併後に導入された制度で、ブロック長が地理的に近い何店舗かを統括して、ブロック全体の業績について責任を負うというものであった。

神戸ブロック長になったのは二〇〇三年。神戸ブロックの構成店は一四カ店で、旧さくら銀行の店舗が多かった、ボリューム的には地域銀行一つと同じくらいの規模だった。

2 個人業務の集大成としての神戸ブロック長

プロジェクトとしてのブロック活動

私は自分の銀行における個人業務の集大成とするつもりで、神戸ブロック長の職務に臨んだ。和泉支店長の頃から本部に対して、歯に衣を着せないで意見をいってきたから（そのために煙たがられもしたが）、神戸ブロック長になったときにも、本部からの指示に従うのは当然であるとしても、さらに経験をふまえた独自の創意工夫を重ねていこうと思っていた。

ブロック長就任の時、担当役員の松本睦彦専務執行役員（当時）からは、「貴君の得意とする個人取引の集大成として取り組んでほしい」といわれた。期待されての神戸ブロック長への就任。私としては、個人取引の集大成として全力で取り組む、そして職員の成長と任されたブロックの業績向上に全力を尽くそうという気持ちであった。

それでは、一年間、神戸ブロックをどのように運営していったのか。その取組みの全貌をみていただこう。

各支店のマーケットを重視した目標設定

まずは各支店の目標設定である。神戸ブロックは、旧さくら銀行の本店である神戸営業部をはじめとして、北は篠山支店、西は須磨支店、東は灘支店と広範な地域をカバーしていた。鈴蘭台は古い住宅地、長田は町工場の街、三田は新興住宅地だ。そこで、新興の住宅地が多い地域では住宅ローン、地権者の多い地域ではアパートローンを重点的に推進することとし、投資信託や年金保険についても、地域の世代別人口、支店のお客さまの年代別構成などを参考にしてメリハリを利かせた目標設定にした。

各支店のマーケットの分析にあたっては、預金口座保有者の住所を調べ、お客さまは地元が多いのか、ほかの地域からも来ておられるのかまで調べた。地元のお客さまが多い支店は住宅ローンのエリアだろうと想像がつくし、地元とほかの地域のお客さまが混在している支店では自宅への訪問はむずかしいと予想される。また、七〇歳以上のお客さまばかりの支店では、積極的に投信販売を推進することはできない。ここまで分析したブロックは、私の知る限りではほかになかったと思う。ほかのブロックは、預金残高や営業人員、販売額の過去の増減率などに応じて目標を設定していたと思う。

営業推進上のポイント

次に神戸ブロックにおいて、当時私がブロック長として営業推進上のポイントとした施策を列挙しよう。これらは「テクニックよりもものごとの本質を突く」という、私が旧住友銀行で学んだ営業施策のエッセンスである。

① 人材育成に重点を置いた運営とした。具体的には、「各種推進協議会の設定」による職員のスキル向上を目指した。推進協議会は、ブロックの職員がお互いに切磋琢磨し、「夢を実現する舞台」と位置づけた。

② 営業の体制は、小さな金額の取引の成約を通じ「日々安定した実績を積み上げる体制づくり」と、アッパー層といわれる顧客への「固有名詞営業によるボリュームの追求」の二本立てとした。固有名詞による提案型営業を強化するために、「ぶつかり稽古」を通じ、ブロック所属の預り資産業務担当者の能力向上を図った。

③ 各種取引を一〇件獲得するごとに表彰する「リセット運動」の展開により、実績積上げに向けた安定感とスピード感の醸成を図った。目標を達成した職員を表彰することを通じ、ブロックの職員とのコミュニケーションを密にするねらいもあった。

④ 支店長をはじめとした支店幹部の、あるべき一日の行動パターンを明示した。具体的には、

支店長に顧客との「一日五件の実面談」を要請し、その結果を、日誌を通じて私宛てに報告させることにした。

各種施策の関係を述べるとすれば、「リセット運動」と「ぶつかり稽古」を営業活動のエンジンとし、営業職員たちが日々の活動でぶつかる壁を突破するための答えを示す場として「推進協議会」を設けたということになる。

支店長とのコミュニケーション手段は④の面談報告だった。私はその報告を受けて、支店長に電話して状況を確認し、支店長が行っても片づかない案件についてはブロック所属の預り資産業務担当者に私のところに相談に来させるよう指示していた。支店長の面談回数は途中で一日一〇件としたが、報告に「為（タメ）の」（中身を伴わない）面談件数が混じるようになったので、最終的に五件はまず達成できるが、あと二件は工夫が必要として一日七件とした。

私の方針に基づいて動いていくことは、支店長にとって厳しかったと思うが、当時の支店長とはまだつきあいがある。苦情処理等にあたっては電話で事態を聞き、アドバイス等をしていた。支店長は孤独なので、ブロック長がそれくらい彼らに関心をもつことは、逆に彼らにとって何かあったら相談できる相手がいることになるので、よかったかもしれない。

以下、「リセット運動」「推進協議会」「ぶつかり稽古」に焦点を当てて各施策の内容を詳しく説明していこう。

リセット運動

私は学生時代に駅伝・長距離走の選手だった。ゴールまで先が長いので、いつも「あの電信柱までがんばろう」と自分に言い聞かせ、走り続けて完走していた。

それを営業活動の目標達成に当てはめたものが「リセット運動」だ。具体的には、職員が投信を一〇件、保険なら五件を販売したらブロック長が表彰状を渡すことにする。まずは目の前の小さな目標を達成することだけを念頭に置き、達成したら気持ちを切り替えて次の小さな目標に向かう。それを繰り返した結果、大きな目標を達成できるという考え方である。外貨預金、投信、保険、クレジットカード、といった項目で、この運動を展開した。

毎月目標が設定され、それに向かっていくというマインドセットだと、一カ月の目標を達成しても翌月に同じような目標が自動的に設定されるため、職員のやる気が萎えてしまう。そうではなく、何カ月かかってもいいから、とりあえず一〇件獲得したら、ブロック長が支店訪問の際に表彰式を執り行い、全員の前で「ご苦労さん、おめでとう」といって表彰状を渡す。

そうすると、いつまでも表彰状をもらえない職員は、支店の一員として何とか一〇件獲得しようと必死になって努力する。表彰された職員は気持ちをリセットして次の一〇件にチャレンジするため、成約のスピードがどんどん速くなっていく。結果として、陸上競技のインターバルトレーニングと同じように成功体験を積むたびに全員のスキルが上がっていくという効果があった。

私としては、ブロック長は目標数字の達成状況のトレースをするよりも、一人ひとりの職員が何かを達成したらほめてあげるほうがいいだろうと考えた。一〇件の目標を二週間で達成してしまう人もいれば、二カ月かけないと達成できない人もいる。しかし、同じく一〇件獲得したら表彰することによって、二週間で達成した人は一週間で達成できるよう、表彰ゼロの人は何とか一〇件獲得できるよう、本人もがんばるし、支店全体でもサポートするようになった。全員で販売していくという、全員参加の雰囲気が醸成され、ブロックの一体感が高まった。

その裏には、私の次のような工夫もあった。支店の職員が一〇件販売に成功したら、支店長から私にそのことをeメールで知らせてもらい、私からその職員にeメールでねぎらいの言葉をかけることにしたのだ。「達成おめでとう。次の一〇件、がんばってね」。一〇件達成したら即座にブロック長から連絡が来るわけだから、職員はブロック長が「自分のことをみていてくれている」と認識することになる。それが職員のモチベーションを大きく高めるわけだ。

たとえば、上期の六カ月間、販売件数がゼロだった職員が下期の一〇、一二月で四回の表彰を受けたケースがある。四回ということは、二カ月で四〇件の販売に成功したということだ。そういう動きがブロックの末端にまで広がっていった。表彰回数は、投資信託では延べ三〇〇名に対して六三〇回、つまり六三〇〇件の販売実績ということだ。スタートした時の四～五月は投信・保険の表彰状は一二〇枚程度だったが、年度末の二～三月は二倍の二五〇枚になっていた。金額においても、目標を大きく上回る販売実績をあげたことはいうまでもない。

推進協議会

推進協議会とは、ブロック内で各種業務を担当する職員が月に一度集まり、二時間程度で好事例や工夫したことなどを全員が発表し、情報、ノウハウ、セールストーク、ツール活用法の横展開を図るものである。好事例を聞いた参加者は自店に持ち帰って試行し、それが成功すれば成功体験が積み上がる。梅田ブロックで始めた打合せ会で、名称も私が勝手につけたものだが、神戸ブロックではこれが大きな原動力となった。そこでは、次の四つのテーマを設定した。

① 預り資産業務の推進活動
② 店頭でのお客さまサービスの改善
③ 女性渉外担当者のスキル向上のサポート
④ 事務部門の効率化推進活動

お客さまサービスの改善推進協議会は、店頭のサービスや各種手続・事務を効率化するアイデアを出す場だ。たとえば、お客さまへの説明のための冊子を両面印刷にしてラミネート加工すると、わかりやすくていいというアイデアが出た。すると、ほかの支店もこぞって同じような説明資料をつくり始めた。女性渉外担当者推進協議会とは、パートの渉外係のことを指している。パート職員向けに営業ノウハウを提供する場だった。事務部門の効率化推進協議会は、事務の効率化に向けたアイデアを出し合う場である。

会議では、机を「コ」の字型に並べて、お互いの顔がみえるようにした。学校教室形式では発表者の顔がみえない。どんな顔の人が発表しているのかが参加者にわかり、親近感がわいてくるように工夫した。また、参加者全員に発言してもらい、一言もしゃべらないで帰る人は皆無にした。つまり、参加する以上、自分がどんな案件を発表するのかを考えておかなければならない。それは、日常業務における意識改革にもつながっていく。

そして、座長であるブロック長が一件一件の発表に対して、「この観点は最高だ。よく気づいたな」とか、「これはおもしろいから、全支店で取り組んでみてほしい。その結果は、次回教えてくれるか」「こういう対応の仕方のポイントは……。だから効果が出るんだよ」と、基本的に全員の発言に対して逐一コメントしていくことも重要だった。

推進協議会の実施風景の写真を撮り、その内容をA４一枚ものの「かわら版」（ブロック独自で作成していたもの）として、翌日にはフィードバックすることを心がけた。その結果、推進協議会の存在感が大きくなり、欠席者はゼロ、各支店からこぞって参加するようになった。推進協議会に来ると他店の成功事例も含めて多くの情報を得られることから、参加者は回を追うごとに増えていった。

推進協議会はチャレンジすることを通じて、自主性、リーダーシップ、銀行経営に参加しているという意識を醸成し、どんなことでも一生懸命やれば答えはおのずからついてくるということを確認する場となった。また、全員が同じ土俵でがんばっていることを再確認することができ、ブロック長を囲んでのディスカッションを通じてブロック構成員としての一体感も醸成された。六カ月に一回は懇親会を開催し、さらに一体感を深めた。

私は、推進協議会は「夢を実現する舞台」であると強調した。ある若手は「本部での優秀者表彰後の懇親会で「きみは推進協議会の、岡下門下生のY君だな」とほめられました」と、感激の言葉をeメールで送ってきてくれた。推進協議会をきっかけに、若手が大きく羽ばたいていってくれたのだ。また、神戸ブロックでの推進協議会に出席した女性渉外担当者の感想として、当時の神戸営業部長から、「昨日の推進協議会に出席した女性渉外担当者から、「ブロック長の話は大変おもしろく参考になりました。話を伺っていて、生保時代の研修を思い出しました。お話の内容は詳細で感服しました」と聞きました。協議会は相当刺激になったようです。意識改革のきっかけになっています」という話があった。

最終的には、推進協議会のテーマとした項目のすべてで好成績をあげることができた。

ぶつかり稽古

「ぶつかり稽古」とは、ブロック内で支店の販売支援をするブロック所属の預り資産業務担当者に対して、私が行った個別案件の相談会である。毎朝九時四〇分までの六〇分間、毎回三人の担当者に、壁に突き当たっている案件を三件話してもらい、一案件一〇分以内で私が方向性を示した。対象としている顧客の潜在的なニーズへの気づきを促し、解決策の提案を通じてお客さまから信任を得て、案件を成功に導くとともに、担当者の提案力強化につなげるねらいがあった。

私がアドバイスするのをブロック所属のほかの預り資産業務担当者が見に来てもよいかたちにし、常時一〇人くらいの預り資産業務担当者が聞きに来ていた。稽古する力士をほかの力士がみる相撲のぶつかり稽古と同様であることから、「ぶつかり稽古」と名づけたが、成功事例が増えるに従って見学する預り資産業務担当者が増えていき、担当者の自信とさらなる成長につながった。

個人取引では、金融機関の販売担当者が一人ひとりのお客さまと対応し、目にみえない商品を販売している。お客さまの潜在的なニーズについて仮説を立て、お客さまにそれに気づいてもらい、その解決策として金融商品を提案するのが本筋だが、実際は商品の販売が先行し、それがお客さまのニーズに合致しないために断られ、せっかくの機会を逸していることも多い。商品売りにならないよう、お客さまのニーズを喚起するためのヒントを示すように心がけた。

ブロック所属の預り資産業務担当者はブロックに所属し、私の指揮命令下にあった。全員ベテランで、支店の外回りで優秀な成績を収めた人たちだ。彼らが担当するのはアッパー層だから、一件当りの金額が大きい。ブロックの金額ベースの業績を引き上げることができるかどうかは、ブロック所属の預り資産業務担当者が取り扱う案件を成約に結びつけることができるかどうかにかかっていた。

たとえば、次のような事例があった。事業も好調な会社のオーナー社長で、個人の普通預金口座に多くの残高があるが、きわめて多忙で、多くを語られない性格であった。預り資産業務担当者からは「社長と何とか話をしたいが、きっかけがつかめない。なかなか話をする時間をもらえず、半年が過ぎている」ということだった。

私からの提案は「とにかく担当者がお客さまから信頼されること。そのうえでお客さまの話を聴き、お客さまを知るべく努力すべし」というものだ。結果、担当者の誠意ある対応が身を結び、何回かの面談のなかで一時間の会話に成功した。ご商売の創業時からの経緯、苦労話、現在盛業のポイントなどを話してもらうことができた。これをきっかけに社長との面談がスムーズになり、事業や資産を二人のご子息に継承したいというニーズが判明した。そこで、保険の仕組みを活用した提案を行ったところ、ご快諾いただいた。奥さまもその話を一緒に聞いておられ、社

図表２－１　ぶつかり稽古の風景

長とニーズは同じであったので、やはり同様の提案を受け入れていただくことになった。

商品を販売するのが目的ではなく、お客さまを知り、信頼を得てこそ、お客さまの本当のニーズに触れることができる。ぶつかり稽古では、お客さまには潜在的なニーズがあるが、それを話してもらうには、販売担当者がお客さまに信頼されなければならないと言い続けた。

お客さまが多額のお金を定期預金のままにしておくのは、「祖先からの資産を一途に守っておられる」ためだということに気づいて、その意向に沿った提案を受け入れてもらった事例もあった。お客さまの心のなかの気持ちに気づいたのは、販売担当者がお客さまに本当に信じてもらった時だった。つまり、販売担当者が銀行のために活動しているのではなく、何とかお客さまの役に立ちたいと考えていること、「資産を守る」負担を軽減する方策を「お客さまの側に立って」考えているとご理解いただいた時である。その後、資産を守り続けることの悩みなどを話してもらえるほどの信頼関係を築き、結果として取引が成立した後、お客さまは、「これで安堵した」とつぶやいたということだった。

職員の成長を通じた目標の達成

こうした「ぶつかり稽古」と「リセット運動」の相乗効果によって、神戸ブロックの業績はつくりあげられていった。しかし、そのために職員が疲弊したかというと、そうではなく、職員全員の成長を通じた目標の達成であった。私が神戸ブロック長を退任したときにブロック傘下の一三カ店の職員や、ブロック所属の預り資産業務担当者からもらった寄せ書きから、いくつかのコメントを紹介したい（図表２－２）。これらは、いままで説明してきた私の取組みの集大成といえる。

「岡下ブロック長が来られてから、支店だけではなく、ブロックというものを意識し、推進協議会では他店の人とも会い、会話ができて楽しかったです」

「たくさんの表彰、ありがとうございました。本当に励みになりました。私は母が亡くなっていますので、父が仏前に表彰状を飾って毎回表彰を喜んで報告していました。本当に

図表２－２　神戸ブロックの傘下支店からの寄せ書き

「ありがとうございました」

私はこの寄せ書きを読んだとき、涙が出てきた。彼女のお母さんは亡くなっていて、お父さんが仏前に表彰状を飾っていた。表彰の裏には思いもかけないドラマがあったのだ。

「窓口での販売担当者になり、当初はしんどくてつらかったのですが、いつも朝や食堂でブロック長がお声をかけてくださり、励ましてくださるので、こんなに大勢いるブロックの一人なのに、「見ていてくれてはるんだなあ」と思い、うれしくて頑張ることができました。いままでの銀行員生活で一番成長

した一二カ月だったと思います。本当に短い間でしたが、ありがとうございました」

「自分でも気づいていなかったところを、ブロック長にみつけていただいて伸ばしていただいたという喜びもあります。まる九年勤めてきまして、こんなにやりがいを感じたのも初めてでした。まだまだいろいろとご指導いただきたかったのですが、残念です」

「短い間でしたが、ブロック長のリーダーシップを垣間見させていただき、本当に得難い体験でした。ブロック長に「仕事に夢はあるか?」と尋ねられ、戸惑ったことを思い出します。考えて仕事をする余裕を失い、日々の作業としての仕事ではなかったか、あらためて考えさせられました」

リセット運動は職員にとって厳しいようだが、達成感を得るきっかけだったことがわかる。また、私が積極的に声をかけたことが、職員たちにとっては「みていてくれている」とうれしかったこともわかる。それは、私が若い支店の渉外係だったとき、本部の部長が支店に来て、「岡下君か、よくがんばっているな。引き続き頼むよ」といわれた時と同じだ。この言葉が支えとなって、私ががんばったのはいうまでもない。

神戸ブロック所属の預り資産業務担当者たちからは、「ぶつかり稽古」をはじめとした各種施策の思い出を綴った紙芝居や、寄せ書きを贈ってもらった（図表２－３）。その一部を紹介する。

「ブロック長とのこの一年間は、私の銀行員生活の中で大きなウェイトを占める中身の濃

図表２－３　神戸ブロック所属の預り資産業務担当者からの寄せ書き

い期間でした。「スピード、徹底、実行」を行動の羅針盤として大切にして行きます」

「ブロック長と、苦楽を共にさせて戴いたこの一年間は一生忘れないと思います。ブロック長からの「良く頑張ったな」と言う言葉を思い出しながら辛い時も頑張っていきます。本当にお世話に成りました」

「まさかこの一年で大神戸ブロックがこんなに変わるとは信じられませんでした。「拘りと徹底、継続」。学ばせて頂くこと大でした」

「朝の「ぶつかり稽古」で学ん

だことは銀行員生活の大きな宝物で有り、糧になると思います。有難うございました」

「銀行員として、人間として、短い間でしたが、非常に大切なことを山ほど教えていただきました。「士魂商才」。岡下イズムを今後の軸にして行きます。有難うございました」

日々の仕事を舞台ととらえて、精いっぱい、演じきるという、「私の支店運営の考え方」を体現した内容で、まさにブロック長冥利に尽きた。

銀行全体の躍進に大きな寄与

神戸ブロックの全員が集まった研修会に参加された当時の業務担当部長からは、「部下職員一人ひとりをその気にさせる人心把握に感動した」というねぎらいの言葉をいただいた。また、冒頭に紹介した松本専務執行役員（当時）からいただいた言葉を受けて、退任時に私が同専務に送った手紙は次のようなものだった。

「ブロック運営に一心不乱に取り組みました。また、ブロック構成員全員が喜びを感じる仕事として取り組んでくれました。

神戸ブロックの大プロジェクトとして取り組んだこの結果は、ブロックに従事する六〇〇名全員の力の結晶であります。当たり前のことを当たり前に、ただただ愚直に。理にかなった行動は必ず成果につながること。

最大のテーマは、策を弄するよりも、愚直に部下たちの成長を期待すること。それが確実な成果に結び付くものと確信した次第です」

そして、松本専務執行役員（当時）からは年度末の三月三一日、便せん一枚に大きく「大変ご苦労様でした。本当にありがとうございました」と書かれた封書が届いた。配慮に感謝したのはいうまでもない。

第3章
関西アーバン銀行での軌跡

1　預り資産業務の立ち上げ

預金集めと投信販売の両面作戦

二〇〇四年四月、関西アーバン銀行に転じ、支店営業本部長、プライベート・バンキング本部長等を歴任し、二〇〇五年六月に常務執行役員、二〇〇九年六月に専務執行役員となり、一〇年間にわたって、特に預り資産を中心とした個人業務に携わった。本章では、関西アーバン銀行における取組みについて紹介していきたい。

着任した時は、関西銀行と関西さわやか銀行が二〇〇四年二月に合併して間もなかった。両行の間では営業活動に活用する帳票などにも相違点があり、それを統一していくというのも仕事の一つであった、私は立場上、中立であり、双方のよい点を活かし、効果的なものにしていくという方針で対応していった結果、何とか双方の納得を得たかたちで新営業体制に移行できた。

合併したことで資金量は増大したが、もともと預貸率が高かった。当然、余資運用は少なく、逆に地域金融機関などからの預金を集めていた。支店統括としての私の任務は、合併効果を活かして融資を拡大するために、店舗網を活用した預金の増加を図ることであった。そして、緒に就いたばかりの預り資産業務を本格的に展開し、業容の拡大を図るという取組みも同時に進めていかなければならなかった。

合併後の店舗統廃合に伴う新装開店、好立地に移転しての開店などが多く実施されたことから、支店の新装、移転オープンというイベントを活用して、預金を集めるということに取り組んだ。預金集めを通じたお客さまづくりが、次の預り資産業務につながるということを、支店が理解していったのである。旧住友銀行での成功のノウハウを関西アーバン銀行流にアレンジしての活動ということであった。

ほぼゼロからの立ち上げ

預り資産業務はほぼゼロからの立ち上げだった。店頭での販売体制は新銀行としてスタートしていたが、その推進体制は確立とまではいかず、手探り状態であった。また、外回りの営業職員は融資が主体で、預り資産業務活動をする余力は十分ではなかった。当時、預り資産業務は預り資産業務担当のパート職員を主体として運営し、不足している人員は新規に採用するということであった。

パート職員の二次面接はほぼ全員、私自身が実施した。したがって、採用した人の預り資産業務に関する知識やスキル等を把握することができていたので、研修の内容・レベルをどうするかまで深く関与して対応することができた。

預り資産業務の黎明期に、この業務がビジネスとして確立できるということを銀行が確信するために、預り資産業務担当のパート職員の方々の貢献はきわめて大きかった。

次に窓口での販売体制をつくった。窓口販売担当者を任命し、後には能力に応じて昇格する資格制度になり、最高クラスのエグゼクティブや、中堅どころのチーフという資格ができ、職務手当なども制度化されていった。店頭での預り資産業務活動は全支店で当然のように実施され、その業績への貢献度はきわめて大きく、特に後に合併したびわこ銀行の地元である滋賀地区での活躍ぶりには目を見張るものがあった。私がいた頃も、またいまでも、引き続き同行の業績に大きく貢献している。

三番目に、本部所属の「地域個人営業部」を設けた。スタート時は預り資産業務推進の体制も緒に就いたばかりであり、販売担当者は預り資産業務担当のパート職員が多くを占めていたので、サポートを専門的に行う体制づくりが、お客さまへの説明力向上対策としても必要なことであった。地域個人営業部員は、三井住友銀行でのブロック所属の預り資産業務担当者に相当する役割を担うことになる。支店の預り資産業務の業績を引き上げる原動力になっていった。

四番目に、販売体制と並ぶ、預り資産業務という車の両輪、あるいは命綱というべき、コンプライアンスの遵守体制を構築するために、リテール事務室（現在の金融商品管理部）との連携強化を図った。日々の申込書類の不備やコンプライアンス上の課題などを把握するために、室長と連絡を取り合い、実態把握に努め、改善策を協議し、改善すべき事項はそのつど現場の支店に周知徹底するようにしていた。

このようにキメ細かく対応できた最大の要因は、リテール事務室と同一フロアの一四階に私の机があったことだ。牽制機能と推進機能が同一フロアにあるのはいかがなものかという議論もあったが、結果的には、お客さまに最良のサービスを提供することに役立った。その体制はいまでも維持されており、流れは変わっていない。

すべては現場を知ることから始まる

預り資産業務を推進するうえで、私の基本的な考え方は三井住友銀行時代と同様、「すべては現場を知ることから始まる」というものだ。お客さまといちばん近いのは現場であり、だからこそ現場の声に耳を傾けなければならない。そのため、現場からの報告書である業務日誌には可能な限り目を通していた。後にシステムで販売状況が確認できるようになってからも、だれがどんなお客さまにどのようなプロセスで販売したかを把握するように努めていた。

しかし、日誌には細かいことまで書いていないから、実際に販売担当者と話すことにも努力した。販売担当者に一日一〇～二〇本程度の電話をかけ、より具体的にお客さまとのやりとりを把握するようにした。結果としてあがってくる数字をみているだけでは、販売担当者とお客さまの間で展開されるドラマがわからない。それでは販売員に対して的確にサポートすることはできない。

組織のトップが現場の販売担当者のサポート役、後ろ盾として、現場の販売担当者の動きをしっかりみているということは、現場の販売担当者たちのモチベーションを高め、積極的な営業活動を展開することを可能にする一方、販売担当者に対する牽制機能を発揮する。預り資産業務担当のパート職員に出世は関係ないし、給与水準は決して高いとはいえなかったが、お客さまに寄り添い、お客さま目線で対応するという販売姿勢を活動の原点として確立しなければならなかった。

店周を中心とした効率的なアプローチ

二〇〇四年四月以降、関西アーバン銀行の投信・保険販売額は右肩上がりで推移した。その背景には、「販売件数、間口」にこだわった販売活動があった。つまり、金額を追求するよりも、数多くのお客さまに接して、投信新規のお客さまを開拓することに注力し、既存のお客さまにはアフターフォローの一環として追加購入（分散投資）を勧めた結果である。

もっとも、獲得件数にこだわるにあたっては、活動の時間効率も考える必要がある。遠いところに行き、往復の時間を浪費するよりも、近くのお客さまに数多く接触するほうが効果は大きい。つまり、店周を中心とした活動に徹するということである。「店周を固める」という戦略は、もともと旧住友銀行で個人預金の獲得作戦を展開するときに存在した考え方だ。

支店の営業エリアを住所区分に応じて分け、預金取引先の数が多い順に並べて、取引先数が多い地区を地図上で塗りつぶすと、上位の地区の取引先数は全体の五～六割、預金額では七～八割をカバーする。そこが重点地域であり、そこに集中して勧誘活動を展開するのが効率的である。重点地域は通常、店周となる。たいていのお客さまはそう多くの銀行とつきあう必要はないので、家の近くにある銀行を選ぶからだ。セールストークはただ一つ、「ご近所づきあいをお願いします」である。

当時、あるコンサルティング会社が関西アーバン銀行の実態調査を行ったところ、「店舗の半径五〇〇メートル以内に九〇％の投資信託の顧客が存在する。こんな銀行はみたことがない」といって驚いていた。預り資産業務担当のパート職員、窓口販売担当者を中心とした営業活動で店周を固めていくという戦略が功を奏したということである。

こういうお客さまづくりが地域金融機関の本来的な強みではないだろうか。道端で会って、「こんにちは」とあいさつできる間柄をつくっておけば、お客さまはこちらの提案を頭から拒否するようなことにはならないだろう。まさに地元の安定したお客さまである。

渉外担当と窓口担当のペア作戦

次に、渉外担当の営業担当者・預り資産業務担当のパート職員と窓口販売担当者でペアを組ませ、一人のお客さまに対して窓口販売担当者が電話でアプローチし、営業担当者・パート職員は自宅を訪問するというかたちをとった。これによって、お客さまとのコミュニケーションが密になり、お客さまを安心させることができた。相場の急落を逆に買い時と判断し、投信を追加購入したお客さまもいたくらいだ。

この「ペア作戦」も旧住友銀行で採用していた方法である。預金獲得を目指して一定の地域をしらみつぶしに回るとき（ローラー作戦）、一人の渉外担当者と二〜三人の内勤職員がタッグを組んで訪問活動を行っていた。そうすることで、一人のお客さまに対して多面的に接することができ、渉外担当者だけでは得ることのできなかった情報を入手することができるという効果があった。

関西アーバン銀行では、窓口販売担当者が業務時間中にお客さまに電話できるよう、店内で体制づくりに配慮するように支店長に対して指示した。電話をかけている時間がないという窓口販売担当者もいたが、一日の業務時間帯のうちいつでもいいから、電話をかけてほしいと要請した。

一支店で電話が一〇本できると一カ月で二〇〇本（二〇営業日）、一〇〇％ではなく六〇％の達成でも一カ月一二〇本、これを全店一五〇支店が実施したら月間一二〇本×一五〇支店で一万八〇〇〇先、一年で二一万六〇〇〇先ということになる。その結果として多くの情報収集や成果に結びついたのであるが、こういう施策は継続できる仕組みをつくっておくことが最大のポイントである。

なお、関西アーバン銀行でリーマンショックの打撃が小さかった理由として、通貨選択型投信を販売していなかったということもある。当時、分配金を引き上げるために為替先物を利用した通貨選択型投信がはやっていたが、価格が下落したときに預り資産業務担当のパート職員・窓口販売担当者がお客さまに納得のいく説明ができないのではないかということと、分配金をそこまでして増やす必要があるのかという単純な理由から、通貨選択型を採用しなかった。それが結果的にはよかったということになる。

多くのお客さまに情報は伝わっていない

お客さまに金融商品を買ってもらうためには、販売担当者がお客さまにアプローチしてコミュニケーションをとらなければならないわけだが、販売担当者はどうしても自分のことを受け入れてくれるところにばかり行こうとする。そのほうが結論＝成果が出るのが早いからだが、支店全体からみると、未開拓の先も多く存在しており、そこをどうやって開拓するかが重要である。そこで、最初にどこ（地域）のだれを対象としてアプローチするかをしっかり決める必要がある。行動するときに、そのつどアプローチの対象となるお客さまをセグメントしていたのでは、全体をみていないから、本来アプローチすべきお客さまがもれてしまう可能性がある。

ある支店の定期預金の解約があったお客さまとの交渉履歴を確認してみると、二年以上の間、なんらかの接触（往訪、来店、電話）ができていないお客さまである場合が多いことが判明した。つまり、銀行からお客さまに対して二年間も提供できるサービスや商品を紹介していないし、お客さまの情報も確認できていない状態だった。

二年間もお客さまと会っていないと、そのお客さまの生活状況には必ず変化が生じている。たとえば、退職した、病気になった、子どもに孫が生まれたといったことが考えられる。実際に「消息不明の息子さんが帰ってきた」という事例もあった。このお客さまはそれまで「お金は使うだけ使う」「運用や遺す必要もない」といっておられたが、息子さんが帰って来たことで財産を「息子に遺す」というニーズが発生したことになる。

また、ほとんどのお客さまはＡＴＭの利用しかされておらず、後はテレビなどで銀行の一般的な情報を得るだけだ。そうだとすると、われわれのほうからお客さまにアプローチして話をしなければ、何も伝わらないし始まらない。

地図を活用した効率のよい訪問活動

そこで、まず「どこのだれを」を明確にするために、地図上でアプローチの対象とすべきお客さまを示すことにした。預金が一定金額以上の先は「黄色」のマーカー、投信・保険のいずれかを保有していれば「ピンク」のマーカーを塗る。すると、預金が一定金額以上あり、かつ投信・保険のいずれかを保有している先は「黄色」と「ピンク」が混ざった「橙色」になる。そうすると、面談したお客さまの家と同じ町名の場所に、訪問していないお客さまの家があることが一目瞭然となった。

私は訪問している家の近くに面談していないお客さまの家があるのならば、そのお客さまも訪問して面談してほしいと要請した。当然、その近隣に定期預金の満期などが到来するお客さまがいないか確認することも大事になってくる。

ちなみに、このような手法を「岡下塾」で紹介すると、「昔はやっていた」という支店長やベテラン職員が多い。規制金利時代に効率よくお客さまを訪問して預金を集めるために地図を活用していたが、預金集めが重要でなくなったために、そうした営業手法が伝承されずに廃れてしまったというわけだ。

あるセミナーで、銀行のコンサルティングの入口のテーマとして営業担当者が困っていることを列挙していた。「訪問と訪問の間のスキマ時間が多い」「アポがなかなかとれない」「お客さまの数が多く、面談しきれない」「電話でのセールスは断られる」「アプローチの数が少ない」「お客さまが枯渇している」。本当にそうだろうか。取引残高一定金額以上のお客さまを地図で確認して、効率的に訪問件数を増やすという原点に立ち返る必要があるのではないか。

加えて、営業担当者の訪問活動支援ツールとして、半期ごとに一定額以上の預金先をピックアップした資料をつくれば、より効果的だろう。

どの銀行でも一五％程度の預金者が、残高の八〇％程度を占めていると思う。その一五％のお客さまをもれなくカバーして、銀行がどんなサービスを提供できるかを伝えていけば、残高の約八〇％をカバーしたことになる。少ない人員、限られた時間のなかで、効率よくお客さまを訪問できるということにもなる。

顧客情報の管理

また、このような活動を通じて知ったお客さまの情報をきちんと記録しておくことが重要である。記録は販売担当者が忘れないためにも、販売担当者が交代するときにお客さまの情報を後任者に引き継ぐときにも効果を発揮する。

関西アーバン銀行では、お客さまの情報をＡ４用紙一枚にまとめたカードを作成していた。

カードは紙ベースで作成し、現在はパソコンにも収められているが、当然、重要書類として施錠可能な場所で保管されている。後述する支店の個別相談会で、私が必ず提示を要求していた顧客資料の一つである。

2 「販売できる人づくり」を主軸とした施策の展開

ディスカッションに全員参加の研修会

私が展開した施策を、前章で紹介した三井住友銀行神戸ブロックでの施策と対比するかたちで列挙すると、図表3－1のようになる。もちろん関西アーバン銀行でスタート時に販売に携わったのは預り資産業務担当のパート職員と窓口販売担当者だったから、三井住友銀行の時と同じようなわけにはいかず、工夫を重ねながらの人材育成であった。

たとえば、預り資産業務活動を始めた頃、平日の業務時間中に研修を実施しようとしたら、「業務時間中は業務に集中してくれないと困る。研修は業務終了後に行ってほしい」といわれた。しかし、預り資産業務担当のパート職員を業務時間後まで拘束することはむずかしい。平日の業務時間中に研修を実施するのも一苦労であった。

図表3－1　人材育成の基本は共通していた

	SMBC神戸ブロック（ブロック独自で実施したもの）	関西アーバン銀行
○人を育てる実践編	○「ぶつかり稽古」（ブロック独自） 対象：ブロックFC ・ほぼ毎日 ８：40～９：40 ・相談案件、１人３件まで 内容： ・顧客の実態把握 ・ニーズの仮説 ・解決策としての提案 ・具体的な活動の仕方	○「個別案件相談会」（合併後の呼称） 対象：支店長をはじめとした支店の営業部員 ・可能な日 15：30～17：30 ・勉強会（マーケット、商品）30分 ・個別相談案件（10件まで）90分 内容： ・顧客の実態把握 ・ニーズの仮説 ・解決策としての提案 ・具体的な活動の仕方
○全員参加型	○推進協議会（ブロック独自） ・好事例……全員発言	○推進協議会 ・好事例……全員発言 ○ロープレルームの設置 ・商品研修時、即ロープレ実施
○表彰（ほめる）	○リセット運動（ブロック独自）	○表彰制度　銀行として制定 チャレンジ表彰（上位３割）

また、「本部に集めると移動時間のロスがある。交通費がかかる」という意見も聞かれたため、本部研修は重要度の高いときだけにし、毎月の研修は沿線のいくつかの店舗をまとめた地域ごとに実施することにした。研修内容はほとんど手づくりだった。当然、いまでは、研修は本部において人材育成のための重要な施策として毎月、階層別に実施され、その効果も認められて定着している。

地域ごとの研修では三井住友銀行時代のブロックでの「推進協議会」と同様、必ず全員に活動日誌に基づいた成功体験を話してもらい、それぞれの事案についてディスカッションを実施することにした。そうすると、参加者は全員なんらかの成功体験を探してもってこなければならない。それが重要なことだった。私はみんなの話を聞きながら、当該事例がなぜ成功したか、成功のポイントを指摘し、「着眼点がよかったですね」とか、「その情報を引き出したのが最高のポイントですね」など、自信をもってもらうように極力ほめていた。

営業活動の基本は「お客さまを知ること」の徹底

個人のお客さまに対する営業活動で見落としがちなのが、キャシュフローである。法人取引の場合にキャッシュフローを把握することは基本であるが、個人取引の場合は保有資産の残高をみるだけで、キャッシュフローをみようとしない。しかし、個人取引の場合にもお客さまのキャッシュフローを把握することが実はきわめて重要である。

お客さまから月々の収支についてヒアリング（問診）をせず、預金口座の残高だけをみていたのでは的を射た提案はできない。給料の水準はどうか。年金受給者なら国民年金なのか、厚生年金なのか。たとえ一億円の資産を保有していても、月五万円の国民年金しか収入のない人にリスク資産を勧めることは、そのお客さまの生活実態をより深く把握してからでないとできない。その資産の成因は何か、そのお客さまが六五歳で、あと二〇年生きるとすれば、生活費はどれくらいかかるかというところから考える必要がある。逆に月二〇万円の厚生年金をもらっている人なら、生活費は一応十分だから、預金について「使う、備える、遺す」という色分けのご意向に関する話をすることになる。

「お願い営業」では、一度は買ってもらえても、次に買ってもらうことができない。お客さまに必要性を感じてもらったうえで金融商品を購入してもらうには、こちらがお客さまのことをよく知らなければならない。そのためには、入口が大事である。お客さまに「なぜ、あなたにそんなことを教えなければならないの?」といわれたら、それでおしまいになってしまう。

実践的なロープレ研修

研修では、お客さまとの折衝のポイントである、ロールプレイング（ロープレ）にも力を入れた。そのために銀行窓口を模した「ロープレルーム」を二〇〇九年秋につくった。一回の研修では三〇人くらいの預り資産業務担当のパート職員や窓口販売担当者が集まり、そのうち一人のベテラン販売担当者による模擬販売をみながら学べる施設にした。

また、ベテラン販売担当者がお客さまに販売用資料を使って説明するとき、資料のどこを指しながら説明しているかが、研修生の手元のパソコンでみられるように、ロープレの光景をビデオで撮影するときのカメラの位置にひと工夫を加えた。模擬販売をしている人の頭上から、その手元を撮影することにしたのである。目から入ってくる情報はわかりやすく、記憶にも残る。販売用資料の使い方がお客さまの理解の成否の決め手になるという経験則に基づいて、施設の設計をした。

さらに、研修生が、ベテラン販売担当者の模擬販売をみた後、すぐに向かい合ってロープレができるように、「く」の字型の机も特注した。二人が交互に模擬販売を行い、お互いに相手の模擬販売を体験することで、「ここはこういったほうがよい」「言葉はゆっくりのほうがわかりやすい」等の工夫ができるようになり、研修が一段と実践的なものになっていった。

集合研修で効果があるのは、投信、保険会社の商品研修と、実際の販売活動でほかの人たちがどうやっているのかを教えることである。優秀な販売成績をあげている人が実際にどのように説明しているのかを現実にみることができるようにし、即実践で使えるような「実践的なロープレ研修」とするために「ロープレルーム」を設置したのである。

成績優秀者との好事例のパネルディスカッション

預り資産業務担当のパート職員や窓口販売担当者については、それぞれ半期に一度、成績優秀者の表彰式を兼ねた研修会があった。頭取も出席しての表彰式・懇親会を行うが、その前の研修会では五～六人の成績優秀者に壇上に上がってもらい、三〇～四〇分くらいパネルディスカッションを行った。そこでは、表彰されたパート職員や窓口販売担当者たちが実際にどんな販売活動をしてきたか、具体的にどんな資料を使って、お客さまのどんなところに着眼して、どんなニーズ喚起と解決策としての金融商品の提案、説明（セールストーク）を行ってきたかを披露してもらった。

私は発表者である預り資産業務担当のパート職員や窓口販売担当者と事前に面談し、発表する事例を聞いてポイントを把握しておき、発表の際にそのポイントを力説するようにお願いしておいた。

このようなディスカッションは、ややもすると表面的な話で終わってしまいがちだ。研修が時間の浪費にならないように、参加したら必ずためになり、明日からの行動の役に立つものになるように、発表者が本音で伝える気持ちにならなければいけない。そのためにも、私と販売担当者とのコミュニケーションが重要だった。成功の秘訣は必ず表面からはみえないところにあり、その人なりの努力の結晶という面がある。それを参加者に披露してもらうことで、聞いている人も腹落ちすることになる。

感動がエネルギーに

二〇〇五年一月から三カ月に一度、外部のモニター調査を受けていた。調査員が調査員であることを隠して支店に出向き、窓口販売担当者の応対を評価するというものだ。

最悪の状態からの船出ではあったが、最終的には二〇〇七年一一月から二〇一〇年一月までの二年三カ月の間、連続一一回一位を取り続けることができた。特に相談応対力は連続一位で、接遇マナー、電話応対のよさなども評価された。外部機関の主催するロープレ大会で模範演技を依頼され、販売担当者のさらなる自信にもつながっていった。みんなの必死の努力が実り、「やればできる」ということを実証した。

連続一位を取り続けた頃の調査コメントは、

「全体として、お客さまの伝えた要件から意向をとらえて、専用のパンフレットで説明をするというより、「提案アドバイスをする」というスタンスなので、上から目線になることもなく感じがよい」

「話の展開も、情報収集をし、セカンドライフのための運用の必要性を説き、運用商品の概要、個別商品の紹介、アシストプラン（投信と定期預金のセット）へとパンフレットに沿った展開である」

「ツールを中心に展開していくので統一感がある。また、パンフレットに加えて補足説明やグラフを手書きするなど、資料の使い方を工夫する意識ができている」

といったものである。

ここまで全員の取組みの意識が変わったのは、私が「われわれの仕事とは何だろう？」と問いかけたことによる。転換点は、二〇〇五年八月にあった。私は、夏の暑い日に支店長や窓口の販売担当者に集まってもらい、次のような話をして応対力の向上による連続最下位からの脱出を訴えた。ある新聞の投書欄に載っていた、大規模遊園地の接客についての話である。

三〇代のご夫婦がレストランで二人分のランチとお子さまランチを注文した。店員が「お子さまランチはお子さまのみへの提供となっておりますが」といったところ、ご夫婦は「実は、今日は亡くなった子どもの命日で、子どもと約束していたので一緒のつもりで来たのです」と答えた。店員は店長に報告して注文を受け、子ども用の椅子をもってきて二人の間に置いた。そして、その上に子どものリュックと帽子を乗せて、お二人の間にお子さまランチを提供し、「ご家族でお召し上がりください」といった。

私は「この店員のとった行動こそ本当の接客ではないか。お客さまの気持ちを汲んで、それに寄り添った対応をすれば、間違いなくお客さまは感謝してくださる。銀行員目線で対応するから、おかしなことになるのだ。お客さまに、さすが関西アーバン銀行といわれるようにがんばろう」と話した。

これをきっかけに、モニター調査の結果が悪かった窓口販売担当者や、初めて窓口に出る販売担当者は、友だちとファミレスでロープレの練習をしたり、家でお母さんを相手にロープレの練習をしたりし始めた。その結果、対象者二〇五〇人中、第三位の成績をとる販売担当者が出るようになった。また、モニター調査の上位一〇〇人中、関西アーバン銀行は常に二〇人が入り続けた。窓口販売担当者にとっては大きな自信につながったはずだ。

私は、人の能力に差はないこと、「お客さまはどう思うか、お客さまの側に寄り添った対応」を考えながら努力することで、お客さまの評価を得ることができ、その結果、販売担当者の成長につながり、最後は実力になるということを実感した。部下がもっている潜在的な能力を引き出してあげることは、管理者の本質的な仕事である。

3 個別案件における現場職員のサポート

帰店報告会・個別相談会

二〇〇八年九月のリーマンショックを受けて、現場は厳しい顧客対応を迫られていた。現場の士気高揚のために、当時専務執行役員だった私が自ら販売担当者とともに課題解決に取り組もうと考え、始めたのが帰店報告会・個別相談会である。二〇〇九年三月から全支店を対象に実施した。

午後三時の閉店後、支店長と販売担当者を集め、預り資産が一定額以上のお客さまを対象にして、私が一件一〇分程度、一〇件まで案件の相談に乗った。支店の販売担当者が「このお客さまにこういった提案をしたいが、なかなか成約に結びつかない」と壁に突き当たっている案件を報告する。それを受けて私は、いままでの活動、問題点を聞きながら、解決策を提示する。三井住友銀行神戸ブロック時代の「ぶつかり稽古」と同じやり方である。

販売担当者は商品を売り急ぎがちだが、「まずお客さまのお金の成因、お金に対する思いを知ることが第一で、商品の話は最後でいい。そうすると答えはおのずとみえてくる」と説いた。

私はほとんど毎日、支店に行き、個別相談会を実施した。一年間で相当の件数にアドバイスし、それがきっかけとなり成約率も高まった。お客さまの側に立ったらどうすることがベストかを考え、ニーズを喚起し、解決策として商品を提案するという作業を徹底して繰り返したことが成功のポイントだった。

次に紹介するのは、一〇〇カ店目の個別相談会に参加した、窓口担当になった入行二年目の女子職員の感想文である。この職員は現在、銀行の表彰制度で金賞を常に受賞する預り資産業務の実力者にまで成長している。

「とにかく、いま良いと思う商品を売れ売れと詰められるイメージだったのですが、実際はまったく違っていました。常にお客さまのご意向、ご希望に沿った提案を第一に考え、喜んでいただくためにはどうしたらよいかを考えていくことが中心で、非常に感動しました。お客さまがどのような悩み、不安を持っておられるか、また、どのような生活をしていきたいのか考え、一人ひとりにアドバイスされており、勉強になりました。いままで窓口でふだんのことなどを聞いても世間話で終わっていました。今後は、それを踏まえて何かお役に立てることはないか、一歩進んだ提案をしていきたいと思います」

「ふだんのこと」とは、おじいちゃんが入院したとか、孫がやってきたといったことだろう。そうした話は、窓口担当者みんなが聞いているはずだ。あまりにも日常的な事柄なので、それを日誌等に書き留めることはない。

しかし、本当はそこに重要なヒントが隠されている。おじいちゃんが入院したのであれば、次に来店されたときに「大変ですね」といってあげれば、気にかけてくれたことをありがたいと思われるだろう。

私は、お客さまと接するときには、自分がお客さまの側に立ったならばどのような気持ちをもつかを想像するように教えた。これから窓口販売担当者になるタイミングだったこの若い職員は、私の意図をきちんと受け止めてくれていた。

リーマンショックの時には、もう一つ、思い出がある。保険外務員の資格取得のための研修会の席上で、預り資産業務担当のパート職員の一人から「お客さまから、あなたに会わなければこんなことにはならなかったといわれました。ショックでもうご飯も喉を通らないぐらい落ち込んでいます。お客さまに何といえばいいんでしょうか」と聞かれた。

私はお客さまにどう伝えればよいのか悩んだ末に、「残念です」という言葉を考えた。だれにもコントロールできない不幸な出来事が起こったとき、お客さまに対してわれわれの感情を伝えるのに適切な言葉だと思った。研修会場で参加者に向かって、「お客さまに残念ですと伝えることから始めてください」といったら、みんなが一斉に顔を上げた。

この言葉によって、リーマンショックの時に販売担当者の「心のもやもや」が解消され、アフターフォローのためにお客さまのところに向かって行けるようになったのではないかと思っている。価格が下落したときのアフターフォローがおろそかになると、「販売の時はあんなことをいっていたのに」ということでクレームになる。相場の急変時は事実をまずお客さまにご案内し、見通しについては公式見解の資料などを使い、お客さまから聞かれる前に素早く連絡することが大切だ。

びわこ銀行との合併で総合職の職員が販売員に

二〇一〇年三月、関西アーバン銀行はびわこ銀行と合併した。びわこ銀行の地元である滋賀地区での預り資産業務は、関西アーバン銀行の手法を加えることで、飛躍的に伸びていった。その要因は、びわこ銀行に対するお客さまの信頼が厚く、結果として銀行取引の内容もよかったことにある。また、職員のほとんどが地元出身で、勤勉で向上心にあふれていた。

合併前の二〇一〇年二月、土曜日研修として滋賀県大津市のホテルで「個人預金の増強、預り資産業務について」を実施した。参加者は三〇〇名を超え、会場は熱気にあふれていた。参加者は「目からウロコでした。個人のお客さまの見方や、対応方法について、新鮮な発見がありました」「「岡下ノート」(後述)に感動しました。役員の方があそこまでやっておられたら、私たちもがんばらないといけないと思いました」という感想を寄せてくれた。

ある証券会社出身の本部職員は「外資系金融機関も顧客を知ることが大事だというが、日本のリテール営業での具体的な実践方法は知らなかった。近隣に同姓はいないか、地図にモノサシを当てて土地の広さを考える、取引開始日の年齢など、数々の工夫にここまでやるのかと感嘆です。本部にいても、現場目線、お客さま目線を常にもちたいと思います」という感想だった。

私の話を聞いて発見があるということは、まだまだ努力の余地があるということだ。私は合併後、お客さまの属性や取引状況を現場に出向いて確認するという目的もあって、旧びわこ銀行の全支店を回って個別相談会を実施した。

私が旧びわこ銀行の支店での個別相談会で感動したことは、個人のお客さまとの取引状況が三井住友銀行で経験したような「メガバンクのお客さまの取引状況」に似ていたことである。つまり、「給与振込みに自動振替えなどがセットされた生活口座としての本格的な取引が多くある」ということだった。

メガバンクの多い京阪神地区で、地銀が個人のお客さまとこうした関係を築くことは、なかなかむずかしいのが実態であった。

個人のお客さまとの、いわゆるメイン取引の多い滋賀地区では、預り資産業務の本質を徹底していけば、大きな効果が得られるだろうと感じた、そして、それは現実となっていった。支店に出向いて個別相談会を通じて提供したノウハウを、販売担当者はスポンジが水を吸うように吸収した。それを実践することで成功体験が生まれ、確実に実力がついていった。総合職も、預り資産業務担当のパート職員や窓口販売担当者も、その成長ぶりには目覚ましいものがあった。いくつもの好事例が生まれていった。

「トップアップ研修」で販売担当者の実績は一・五倍に拡大

滋賀地区で総合職の営業職員（男性が多い）が預り資産業務に力を入れ始めたことから、ほかの関西アーバン銀行の支店の総合職の営業職員も預り資産業務に取り組むようになった。業績評価においても預り資産業務の項目は貸金項目と同等のウェイトづけがされ、同行の預り資産業務は預り資産業務担当のパート職員依存から、窓口販売担当者や営業職員を主たる担い手とした活動に移行していった。

このため、総合職の営業職員に対する預り資産業務の研修も必要になってきた。営業職員への研修は「トップアップ研修」と名づけて、実践能力の引上げに重点を置いたものにした。実績上位三分の一のなかから六〇名を選抜して二クラス組成し、毎月一回、三時間、相続税を中心とした税理士による研修と、私が座長になって各人が事前に報告した好事例について議論するディスカッションを実施した。事例の着眼点やプロセスなど「明日から使える知識、知恵の伝播」を心がけた。

研修期間は六カ月だったが、研修期間中でも成績優秀であれば卒業を認めて「卒業証書」を渡すことにした。当然、四カ月で卒業する営業職員も出てくるので、そのかわりに新しいメンバーを入れてほかの営業職員の刺激にした。一年間で一五〇名が卒業したが、トップアップ研修参加者の実績は研修前の一・五倍に増加した。

地域個人営業部員へのノウハウ継承のための電話会議

支店の預り資産業務をサポートする「地域個人営業部員」の存在が関西アーバン銀行の特色だった。大阪府と滋賀県に地域個人営業部を置き、地域個人営業部員が一人一五カ店くらいを担当した。彼らは各支店を回って、支店の販売担当者に同行してお客さまと面談するので、銀行全体の預り資産業務のレベルを上げるためには、彼らのレベルを上げることが重要だった。

地域個人営業部員に対して推進上のノウハウを共有するための取組みを開始した。毎朝八時四〇分から三〇分間、大阪の本部と滋賀のびわこ本部とをつないだ電話会議だ。滋賀、大阪の地域個人営業部長、部員三名、本部の一〇名程度が参加した。

こうした会議では販売実績を報告させるのが通常だが、私は「こうした提案をしたら、このような成果があった」という事例を発表させることにした。その事例に対して私が一つひとつ成功のポイントを解説、アドバイスし、私の過去に蓄積したノウハウすべてを伝授し、参加者が共有する場とした。

一日三件、一カ月二〇営業日とすると、毎月六〇件くらい好事例が発表されることになる。本部が施策を通達しただけでは、徹底することはなかなかむずかしい。しかし、二週間に一度、各支店を回る地域個人営業部員が好事例を共有することで、成功確率の高い行動パターンが各支店に広がっていく。他の支店を真似した支店で成功例が出れば、行動パターンはさらに末端に広がるだろう。こうして成功体験を広げていくというのが岡下流である。

役員・支店長のなすべきこと（岡下ノート）

リスク商品を扱う以上、相場環境の変化の影響を受けることは避けられない。とはいえ、自分が販売した商品が値下がりしたら、販売担当者が落ち込んでしまうのも無理はない。私はこういうときこそ、落ち込んでいる販売担当者に対して、「あなたたちのことを見守っている。たとえお客さまとトラブルになったとしても、私たちが最後までフォローするから安心してほしい」という姿勢を示すことが必要だと考えている。

販売担当者は銀行の方針に従ってルールを守り販売したのだから、結果としてお客さまが損失を被ったとしても、銀行が自信をもって活動するように販売担当者を元気づけることは当然のことだ。販売担当者と銀行との間に信頼関係があれば、販売担当者がコンプライアンスに反する行動をとることもないだろう。お客さまとの関係において、「その取引を自分の家族にも勧めるか」という判断基準をもつだろう。コンプライアンスは人間性と深く結びついている。

また、投信販売に自信のない支店長には、次のようなことをよくいっていた。「支店で総合損益がプラスのお客さまのリストを上位からみたことがあるかい？　そのお客さまのところへ行って、利益確定されますかと聞いてみるといい。ほとんどのお客さまがそのままでいいと答えるはずだ。つまり、資産運用は時間が味方をしてくれるということだ」。

総合損益が上位のお客さまがみんな長期保有者であるということは、経験的な事実である。このことをよくわかっている支店長は乗換え販売などしない。特に地域金融機関では、お客さまも金融機関も職員もその地域から消滅することはない。販売担当者は金融機関のためではなく、お客さまのために働く「誠実さ」が絶対に必要である。そうすると、必ずお客さまに選ばれる銀行になる。

もう一つ、預り資産業務の担当役員としての私の努力を紹介したい。新聞、情報誌などから商品に影響を与えそうなマーケット事象を拾い上げ、日々ノートに書き留めていた。通称、「岡下ノート」である。当初の販売担当者はパート職員だったので、新聞を読む時間が少ない人たちの知識、スキルを向上させるためにはどうすればいいかと考えた結果、生まれたものだ。

このノートをみれば、世界と日本の経済情勢が大まかにわかるように工夫した。また、ノート

図表３－２　岡下ノートの一部

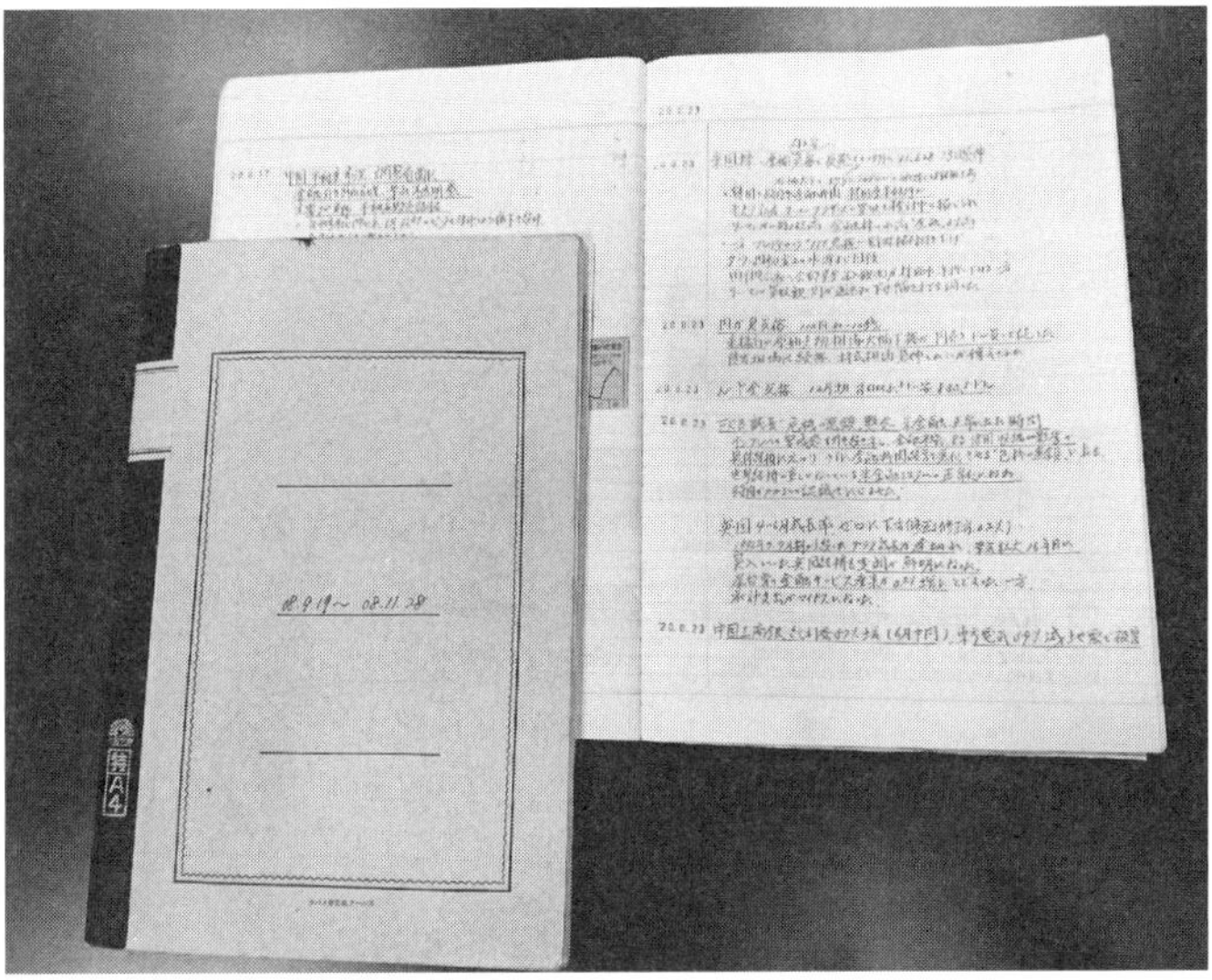

をつくっているときには、お客さまに説明している販売担当者の顔が浮かんできた。だから、お客さまとの会話のなかで話題がつながっていくように、記事のまとめ方にも注意していた。このノートをきっかけにして、販売担当者が自ら勉強してくれるようになればという願いもあった。

　手書きでぎっしり情報がつまったノートをみた人から、「大変でしょう。いつ書いているのですか？」という質問をよく受けた。私は「土日に一〇時間くらいかけて書いています。販売担当者がお客さまに運用の必要性を説き、お客さまに納得して投信を購入していただいたときの充実感、さらにはお客さまに「ありがとう」といってもらっている姿を思い描き、さらに成長してくれることを期待してつくっています」と答えていた。

私がいいたいのは、預り資産業務は定期預金を獲得するような簡単な仕事ではなく、販売担当者の働きかけによりお客さまにリスク商品を引き受けていただく仕事なのだから、上に立つ人もそれなりの努力をしなければいけないということだ。いまの地域金融機関の担当役員が部下のためにどれほどの努力をしているかと考えると、私はもう少しがんばっていただいてもいいのではないかと感じている。

「どれくらい売れたのか」「なぜ残高が増えないのか」「分配型ファンドはいけないのではないか」と叫ぶだけではなく、販売担当者たちがどのようなプロセスで販売しているのかをみてほしい。そうでなければ、銀行の預り資産業務は本物にならない。

4 残高積上げのツールとしてのＮＩＳＡ

地域金融機関のためにある制度

関西アーバン銀行での最後の一年間はＮＩＳＡの推進を助言し、後押しした。二〇〇三年から続いた上場株式等の配当・譲渡所得にかかる一〇％の軽減税率が二〇一三年末をもって廃止され、二〇一四年一月から本則である二〇％（別途、復興特別所得税）になった。それとあわせて二〇一四年一月からＮＩＳＡが導入されたためだ。

ＮＩＳＡ（少額投資非課税制度）とはご存知のように、金融機関でＮＩＳＡ口座を開設し、その口座を利用して株式・投信を購入すると、毎年一二〇万円の元本額までは、その株式・投信からの配当金や売却益について所得税が非課税になるという制度だ。毎年一二〇万円の非課税枠を五年間設定できるので、非課税枠は最大六〇〇万円、非課税期間も五年間である（口座の非課税期間終了後、新たなＮＩＳＡ口座に移管して非課税のまま継続保有することも可能）。

当初は非課税投資枠・年一〇〇万円、非課税期間三年とする案だったのだが、二〇一三年一月に非課税期間を一〇年とするという報道があった（なお、金持ち優遇という批判を受けて最終的に非課税期間は五年になった。非課税枠は二〇一六年に一二〇万円に拡大した）。そこで、私はＮＩＳＡに対する考え方と推進策をとりまとめて会長と頭取に説明した。

基本的な考え方は、ＮＩＳＡとは関西アーバン銀行のような地域金融機関のためにある制度であり、ＮＩＳＡを「地域住民への日常的な金融サービス」と位置づけて普及を図るというものだ。

顧客アンケートをみると、投信口座の開設理由の一番目は「店舗が近くにあるから」で、七割のお客さまがそれをあげていた。二番目は「知っている担当者がいるから」だった。

また、NISA口座で購入した投信をいったん換金すると、その分の非課税枠を再利用することはできないので、NISA口座の投信残高は取り崩されることがない。たとえば、NISA口座が三万口座あり、一口座につき年一〇〇万円の購入があると仮定すると、一年目三〇〇億円、二年目三〇〇億円が購入されて六〇〇億円の残高に、三年目も三〇〇億円の購入で九〇〇億円と投信残高が積み上がっていく。NISA口座でコアとなる残高を積み上げ、それを超える部分については提案型営業で残高を上積みしていくという戦略を立てた。

余談だが、私がこうした考え方を岡下塾で紹介すると、聞いている支店長や販売担当者はみんな「NISAが安定的な残高増加につながるという考え方を初めて聞いた」といった顔をしている。NISAをお客さまのための税制優遇とのみとらえて、NISAは取り崩されにくいのだから、銀行のコアな残高となるという戦略的なメリットを考えていない。おそらく頭取をはじめとした役員も、考えていないのが実態なのだろう。

もう一つ、ついでにいうと、地域金融機関のNISA口座についての課題は、口座の利用状況、いわゆる稼働率が低いということだ。苦労して口座をつくってもらったが、その活用を促すような活動がなされていない。NISAがスタートした時に口座の獲得競争みたいになり、とりあえずNISA口座を開設してもらった結果が現在だとすると、金融機関の預り資産業務がいかにプロセス重視ではなく、結果だけしかみていないかを裏付けるものだ。NISAを活用して新規のお客さまを獲得していこうとすれば、NISA口座の獲得ではなく、実際にNISA口座で投信を購入してもらうことが本当の顧客サービスということになる。

また、投信新規のお客さまの増加数と、NISA口座の開設状況を照らし合わせてチェックする必要もある。NISA口座開設には二週間くらいかかるので、新規のお客さまへの販売が決まった時、NISAを説明し購入を二週間待ってもらうのではなく、成果を急ぐあまり一般口座で販売してしまうことがあるからだ。つまり、販売担当者にはお客さまにとってどちらが有利かを常に考えさせる必要がある。そうしたことの積重ねが、預り資産業務には必要である。

住民票取得代行サービスをいち早く実施

NISAの推進について具体的に説明すると、まず既存口座先の八割をNISAで捕捉するという目標を設定した。既存口座先のうち捕捉できない顧客は高齢者一割、ほかの金融機関に口座を開設する顧客一割とした。

行内でNISAについての研修（テレビ研修）などを二〇一三年度上期から開始するなど、関西アーバン銀行は金融界でも比較的早く取組みを開始したほうではないかと思う。

住民票取得代行サービスは二〇一三年二月の時点で打ち出した。NISA口座を開設するためには税務署に住民票を提出しなければならないのだが、平日の日中が忙しい勤労者にとってはそれが口座開設にあたっての大きなハードルになると見込まれた。そこで、金融機関が口座開設者から委任状をもらって市町村からの住民票取得手続を代行する必要があると考えた。

住民票の代行取得については、現場に指示して関係する市町村の担当部署に行かせて、「大量の委任状を持ち込むことになるが、大丈夫だろうか」と相談させた。ほとんどの市町村は「問題ない」ということだった。

二〇一三年一〇月からは、お客さま向けのセミナーを開催した。二〇一三年一一月には一〇回、計一〇〇〇名のお客さまを相手に二日に一回のペースでセミナーを開催するというハードスケジュールだった。

こうして他行に先駆けて行内でNISAへの取組方針を徹底し、顧客への予約活動、住民票代行取得サービス、口座開設キャンペーンを積極的に展開した結果、新聞報道によると、二〇一四年一月末時点でNISA口座数は三万三〇〇〇口座となり、関西地銀一〇行のなかでトップの実績だった。当時は各金融機関とも既存投信保有先へダイレクトメールを送る対応だったが、きちんと訪問してお客さまに説明し、他金融機関との差別化に成功した支店もあった。

なお、NISAでは複数の金融機関を通じて二重に口座開設の申請があった場合、届出順というルールになっていた。そのために金融機関の間で過当競争が生じた面もあったが、関西アーバン銀行で二重申告のケースはほとんど存在しなかった。

つみたてNISAはiDeCo（個人型確定拠出年金）との併用が効果的

ちなみに、二〇一八年から始まったつみたてNISAは、非課税枠が四〇万円と小さいが、非課税期間が二〇年と長く、購入できる商品が一定の投信に限定されていることから、投資初心者に向いた制度である。私が見聞しているなかでは、投資初心者を対象に、家族、親戚や職場の同僚の紹介というルートで営業した事例も成功している。

ただし、資産形成というお客さまの本質的な目的に照らして考えると、iDeCo（個人型確定拠出年金）がまずあり、それを補完するかたちでつみたてNISAがあるという考え方が適切ではないだろうか。iDeCoの掛け金は全額が所得控除（一定の条件がある）になる。節税効果分は掛け金による効果だから、所得税率が運用利回りと考えることもできる。iDeCoの掛け金を申告すれば、年間の掛け金額×所得税率が年末調整で還付される。これを「なかったもの」と考えて、その金額のリスクをとるためにつみたてNISAを活用するというスキームは、国民に受け入れられやすいと思う。

iDeCoは加入時に、加入者の雇用主において企業年金があるかどうかを確認するために、雇用主にも書類の提出をしてもらわなければならない。その際にほかの従業員にも、加入者がi

ＤｅＣｏに加入したことが口コミで伝わるから、職域での展開が考えられる。私は地域金融機関に対して、職域におけるｉＤｅＣｏとつみたてＮＩＳＡのセットでの推進を提案している。

5 販売員の感想

最後に、帰店報告会・個別相談会に出席した人たちの感想を紹介したい。

・若手営業グループ職員（女性Ｆさん）

「専務のお話を聴き、非常に勉強になりました。営業活動に関する反省点が三点あります。

一つは、お客さまの家族を知ろうとしなかったことです。お客さまのお金がだれのものか、そもそもなんのために貯めたお金なのかを聞かずに、定期の満期の期日経過があるお客さまにいきなり「定期の金利が低いので資産運用にご興味ないですか」と提案していました。また、先輩が集めてきた情報をしっかり確認せず、お客さまに同じ質問をしてしまった経験もあります。二点目は、目でみえる資料を提示せずに話していたことです。まだ営業に出て間もないにもかかわらず、資料なしで自分の言葉のみで説明したこともあり、説得力に欠けていたと感じました。三点目は、自信をもって話ができていなかったことです。声が小さかったり、語尾をぼかしてしまったりとお客さまを不安にさせてしまうような発言があり

ました。

反省点をふまえて具体的に改善していきます。専務が「販売に自信がないなら、基準価額の表をつけたりするくらいの努力をしなきゃダメだよ」とおっしゃったのが心に残っています。努力を怠らず、早く支店の一員として役に立てるように励んでまいります」

・窓口販売担当者（I支店Fさん）
「個別相談会でいちばん印象に残ったのは、「お客さまの悩みを解決すること」という言葉でした。私が相談させていただいた案件について、「このお客さまの悩みは何だと思う?」と専務から質問を受けましたが、私は答えることができませんでした。すると、「このお客さまは個人事業主であり、年金に不安を抱えられておられる可能性が高いので、年金についての悩みを解決できる商品を提案してはどうか?」という回答をいただきました。いままではどういう提案をしたら喜んでもらえるか、どういう商品ならお客さまのご意向にあうか、ということばかり考えており、どんな悩みを抱えておられるかということは考えたことがありませんでした。お客さまの悩みを解決する手助けをするのが私たちの役目であるということに気づかされました。自分自身まだまだ勉強不足ですので、お客さまに失礼のないようにしっかり勉強していきたいと思います。そして、お客さまの悩みを少しでも取り払う手助けができればと思います」

図表3－3　関西アーバン銀行でもらった寄せ書き

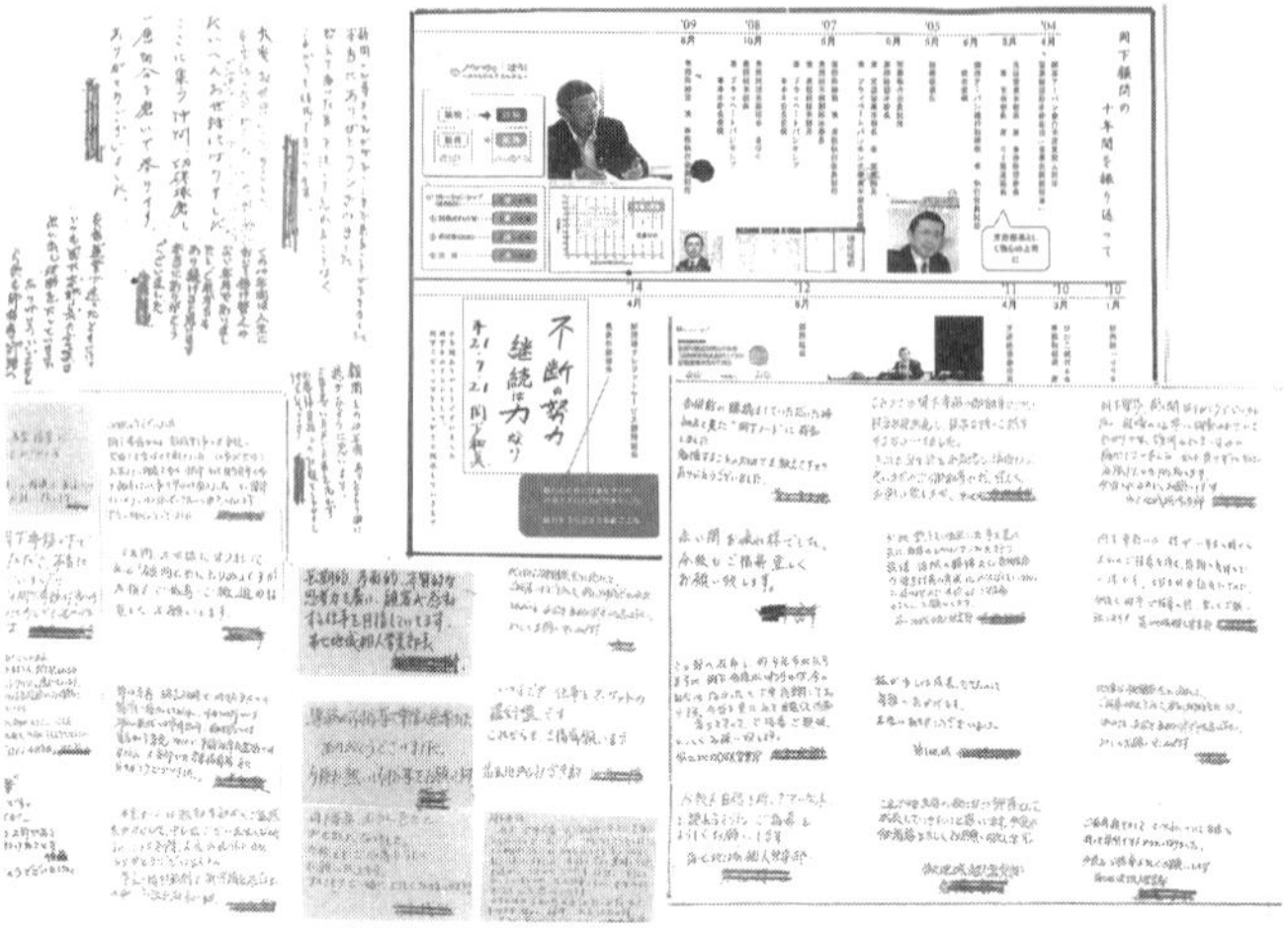

・営業グループ員（H支店O君）

「個別相談会では、お客さまが何を求めているか、お客さまにあった商品は何なのか、専務が真剣に考えておられ、大変勉強になりました。

うれしかったのは、私と出会うといつも「O君がんばっているか？　がんばってや。期待しているから」と声を掛けてくださったことです。いろいろなところを回られ、大変忙しいにもかかわらず、一営業グループ員である私を気づかってくださり、本当にうれしく思います。私が入行二年目の時、「地図ノート」（住宅地図を地区ごとにノートに貼り、活動しやすくするノート）を専務がみられて、おほめの言葉

をくださったことがいまでも忘れられません。今後も専務に声が届くよう、精いっぱい、一生懸命がんばっていきます。いただきました色紙の言葉である「リテール部門での大成を祈る。努力、努力が貴君の財産」の言葉を忘れずに、日々の営業活動にがんばってまいります」

私の退任時に、一〇年間一緒に働いた仲間から、私の一〇年間の歩みをまとめたシートと、全員の思いを書いた寄せ書きをもらった。現在の関西アーバン銀行で預り資産業務の現場の指揮官を務める役員からは、「大変お世話になりました。ここに集う仲間たちは、いっそう切磋琢磨し、自分を磨いてまいります。一〇年間、ご指導ありがとうございました」というメッセージをいただいた。感無量であった。そして、いま彼らは次のステップに向かって走り続けている。

第4章

預り資産業務の発展のために

本章では、私が「岡下塾」で話していることのエッセンスを紹介していきたい。「書籍版　岡下塾」とでもいおうか。中身としては、金融機関の個人ビジネスのなかでも預り資産業務に焦点を当て、地域金融機関の抱える課題、営業体制の構築、営業戦略の構築、お客さまのことを知る方法といった話題に触れた後、営業現場で直面するさまざまな問題に対する解決のヒントを紹介したい。最後に、本部の果たすべき役割について、私の考えを述べたいと思う。

1　預り資産業務の課題

投信販売で目指すべき水準

私はセミナーなどで地域金融機関に呼ばれると、その金融機関について調査・分析を行ってから現地に赴くようにしている。たとえば、個人預金残高二兆円に対し投信残高は一〇〇〇億円、預金対比五％の銀行があったとする。投信顧客数は三万人で、個人預金一〇〇〇万円以上のお客さまは五万人。そのうち、投信をおもちのお客さまは五〇〇〇人（一〇％）とする（図表4－1）。

私が地域金融機関を訪問した際によく聞かれるのは、「当行は投信販売でどの程度の水準を目指すべきか」という質問だ。全国の地域銀行（含む第二地銀）では二〇一八年三月末の個人預金二四〇兆円に対して投信残高は一〇・三兆円、預金対比四・三％である。もしこの銀行で投信残高比率が五％に達していないなら、もう少しがんばれるということになる。

もう少し深く分析してみると、投信残高比率の高い銀行では、個人預金一〇〇〇万円以上のお客さまの二〇～三〇％、つまり一〇〇人のうち二〇人から三〇人が投信を保有している。そこで、セミナー参加者の二人くらいに質問をしてみる。「御行の一〇〇〇万円以上の預金をおもちのお客さま一〇〇人のうち、何人が投信をおもちと思われますか？」一〇人から二〇人と答える人が多くて、販売力のありそうな販売担当者は三〇人から四〇人と答えるのが一般的だ。そして、「御行では一〇人というのが実際の数字です。これは多いですか、少ないですか？」と聞くと、今度はみんなが一様に「少ないです」という回答に変わる。

たとえば、この銀行（図表4－1）には一〇〇支店あるとすると、一支店当りでみると㋐個人預金二〇〇億円で、㋑投信残高は一〇億円、㋒投信保有先数は三〇〇先が平均ということになる。㋓個人預金一〇〇〇万円以上のお客さまは約五〇〇先で、そのうち、㋔投信保有先は現状では五〇先しかない。個人預金一〇〇〇万円以上のお客さまの潜在的なニーズをもう少し掘り下げる必要性があるといえるだろう。

図表４－１　預り資産残高・販売額のターゲットを考える

	全　体	1店舗
個人預金残高(億円)	20,000	㋐ 200
投資信託（億円）	1,000	㋑ 10
預金/投信　比率	5％	5％

	全　体	1店舗
個人預金先数(先)	100万	1万
うち10百万以上(先)	5万	500
投信先数（残高有）	3万	㋒ 300
うち預金10百万以上(先)	㋓ 500	㋔ 50

預金/投信保有先比率　3％

販売実績(上期)	全　体	1店舗
金額　（億円）	㋖ 200	㋘ 2
件数　（件）	㋕ 12,000	㋗ 120

複数ファンド保有のお客さまを増やす

次にこの銀行（図表4－1）で、今年度上期に㋕一万二〇〇〇件、㋖二〇〇億円の投信を売ったとする。一店舗当りの㋗販売件数は一二〇件で、㋘販売金額は二億円、一件当りの単価は約一六七万円になる。そこで、セミナー参加者にまた聞いてみる。「この一二〇件が、どういうお客さまに売られているか？　つまり、新規のお客さまか、既存のお客さまか。既存お客さまであれば、複数ファンド保有か、一銘柄のファンドのみ保有の先か、ご存知ですか？」

現実は多くの金融機関で、投信保有顧客の五〇％は一銘柄のファンドのみ保有で、二～三銘柄のファンド保有が五〇％。この二～三銘柄保有のお客さまに対する販売が大半になっている。つまり、一銘柄のお客さまはなかなか追加購入にはつながらないという状態なのだ。したがって、金融機関にとっては当然、複数銘柄のファンドを保有してくれるお客さまを増やしていくことが課題になってくる。現に販売できている先は、既存のお客さままで複数銘柄のファンド保有先が中心だからである。

複数銘柄のファンドを併せ持ってもらえば、分散投資の効果を実感しやすくなるし、投資する地域や資産、組入銘柄などが分散され、単一のファンドを保有するよりもリスク、リターンのバランスのとれたポートフォリオを構築することができる。

まずは一定の資産があるお客さまに対し、投信の魅力をていねいに説明して投信のメリットをご理解・ご納得いただき、お客さまにはなるべく分散した複数のファンドをもってもらう努力をすることが必要である。そういう努力を積み重ねながら、新しいお客さまを限りなく永遠に増やしていくことが残高増加につながる。間口拡大こそが預り資産業務の発展のための「王道」であると認識することが重要である。

フル・バンキング運営下での業務推進

では、それをどうやって推進していくのか。証券会社、メガバンク、地域金融機関で、その推進策は違ってよいというのが私の考え方だ。証券会社は個人顧客に対する証券営業が本業そのもので、メガバンクは個人業務に特化した店舗を運営している。その結果、一店舗当りの投信残高は大手証券会社で約二〇〇〇億～三〇〇〇億円、メガバンクは約一〇〇億円以上、対して地域金融機関は五億～一五億円と、一店舗当りの残高や顧客数に大きな違いがある。これは各金融機関を比較するときに、知っておくべき事項だ。

また、地域金融機関の店舗はフル・バンキング運営がほとんどで、一店舗内で渉外、渉外でも個人専担、融資、窓口、後方と分業体制を敷きながら、地域を支える金融機関としての機能を発揮している。こうしたフル・バンキング機能を果たすという体制下で、預り資産業務の運営をどう進めていくべきかは、メガバンク、大手証券会社などの他金融機関と異なる課題だと考えられる。

この違いについて、地域金融機関の経営陣は全体的なことは把握していても、日々の販売件数や販売担当者の動向など現場がどうなっているかということについてまでは把握されていないのではないか。ある地域金融機関の個人部門担当者は役員から「銀行に出入りしている証券会社の支店長が「銀行は目の前に預金があるのになぜ投信が売れないのですか？　われわれは取引のない顧客に対して数多くの電話をかけ、見込み客を探している」といっていた。当行はどうして新規顧客数も販売額も伸びないのだ」といわれて困惑した顔をしていた。

実際は、フルバンキングの地域金融機関の支店の現場をみると、為替や預金の窓口が多く、預り資産業務の窓口は少ない。また、銀行業務の窓口と投信・保険の販売窓口を区別するという規制を根拠に、ロビーに投信や保険のパンフレットを置いていない地域金融機関もみられる。その理由を質問すると、「金融商品取引法にのっとっている」という説明が返ってくる。それは規制の誤った解釈であるが、その店舗の近隣の金融機関も似たり寄ったりである。

預り資産業務の基本は、資産形成・資産運用の必要性について一人ひとりのお客さまにご理解とご納得をいただき、商品に関心をもってもらって購入していただくことである。預り資産業務が日常業務として運営され、ていねいな説明によりお客さまに喜ばれるようになるために、まだまだ工夫の余地は大きい。まずは預り資産業務推進の体制づくりをする側の人が、自ら同業務の実態を知ることが肝要である。

2 預り資産業務の体制

「体制づくり営業」と「固有名詞営業」の二本柱

預り資産業務は基本的に、「体制づくり営業」と「固有名詞営業」の二本柱で進められるべきだ。以下、この二本柱について説明する。

(1) 体制づくり営業

これは、おもに店頭販売をイメージしている。来店されるお客さまに対し、資産形成のニーズを喚起し、提案を行っていくための体制づくりということだ。

定期預金の新規預入れや、継続等の用事があって店頭に来られるお客さまは、銀行から何か勧められるかもしれないと思って来ることが多いので、商品の話はしやすい一方、なかなか成約には結びつきにくいのも現実だろう。なぜなら、そういったお客さまは自分の都合で来店しているのであって、何かを提案されるかもと思っておられても、その提案については、とりあえず聞いておくという程度の反応が多いからだ。

むしろ店頭では、電話やふだんの往訪活動などにおいて金融機関側から「お伝えしたいことがあります」というアプローチを受けて来店されたお客さまへの対応が効果的である。そのようなお客さまは、自ら話を聞きたいと思って来店されているためだ。したがって、何か別の用事で来店されたお客さまとの会話のなかでは、次の面談につながる材料、特に家族に関する話題を持ち出して、情報を収集しておくといい。聞き方としては、「ところで、今日はおじいちゃんはお留守番ですか？」といった感じだ。

そして、面談後の来店お礼の手紙の出状、その後の電話での来店依頼と進めていき、来店誘致を図る。声掛けをしてから、お客さまがまた話を聞きに来店されるかどうかの有効期限は経験則からおよそ二〇営業日までで、それを過ぎたらほとんど来られることはない。

だから、常日頃からそうして声掛けをしながら、次回話のできるお客さまの間口を広げていかなければならない。店頭に来たお客さまがまた来たくなるような話をして、「またお立ち寄りください」と声掛けを行う。最初から商品の話をしてはいけない。お客さまにはニーズがあるかどうかもわからないし、お客さまは、いきなり商品の勧誘をされても、そこまで即刻判断ができる状態ではないからだ。

店頭営業では、金額より件数にこだわるべきである。お客さまに迷いがあるときに金額を提示されると拒否反応が起きる。「お客さまのご判断いただける金額でお願いします」といった勧誘方法のほうが、成約率が高まるだろう。

五〇〇万円の定期預金の満期が来ている状況であれば、販売担当者としてはその五〇〇万円で投信を買ってもらいたいという心理になっても無理はないが、お客さまの立場に立って考えると、せっかく「投信購入」というハードルを越えたのに、金額をこちらから示すと、今度は「金額」のハードルを越えなければならない。最初は少額の購入であっても、三カ月後、六カ月後に送付される運用報告書をみて確認していただき、「もう少し購入しようか」という気になる可能性もある。お客さまには次の取引につながる予備軍になっていただければよしとすべきである。

(2) 固有名詞営業

次に「固有名詞営業」とは、個々の販売担当者がターゲットを絞って往訪活動を行う「一対一」の営業方法のことをいう。来店誘致に成功した大口先も、その対象となる。多くの銀行で個人預金残高に対する投信残高の比率の平均が五%、個人預金一〇〇〇万円以上の先でも投信保有先は一〇～二〇%ほどしかないということから、対象を絞ったアプローチによって、販売先数、金額を増やす余地はまだまだ大きいと考えられる。そして、その活動が効果的なものになるためには、「事前準備が絶対である。それによって七割は決まる」というのが、私の経験則からいえることだ。

お客さまという観点からは、「販売実績＝お客さま数×お客さま一人当りの購入回数×一回当りの購入金額」である。したがって、販売実績を増やすためには、

・お客さまの「数」を増やす
・お客さまが購入される「回数」を増やす
・お客さまが一回で購入される「金額」を増やす

という方法がある。このうち最も重要なのは、お客さまの数を増やすことである。金額は最後のテーマにすべきだ。これが「お客さまづくり」である。

金融機関にとっては、「販売実績＝販売員の数×販売員一人当りの販売回数×一回当りの販売金額」となる。したがって、販売実績を増やすためには、

・販売できる「人」を増やす
・その人が販売する「回数」を増やす
・最後に、販売する「金額」を増やす

という方法がある。

このうち、販売担当者の人員には経営上の制約がある（可能な限り増やすべきであるが）。また、最初から金額にこだわると、安易な乗換え販売に流れがちである。したがって、重視すべきは一人の販売担当者が販売する回数である。一人当りの販売回数が増えるに従って、販売担当者

全体の実力がついてくる。これが「人づくり」である。

つまり、新規のお客さまと、スキルをもつ販売担当者を継続的に増やしていくことが、「店づくり」の目標になる。「お客さまづくり」「人づくり」「店づくり」ができれば、ビジネスは未来永劫、発展、拡大していくはずだ。

飛躍的に販売実績を伸ばした実例

新規のお客さまを増やせば、投信残高は増えるということを実証した関西アーバン銀行の支店の例を紹介しよう。この支店長は着任後二年間で、お客さまを一・六倍へ、投信残高を二・四倍へ増加させ、お客さま一人当りの残高も一・五倍になった。まさにいま預り資産業務に要請されている顧客数、残高の増加を成し遂げた。この支店長がそのために実践した活動は、次の三つのポイントに大別できる。その目的は、購入予備軍となるお客さまをできるだけ多くつくりだすことにあった。

(1) 常に間口拡大を支店の最大のテーマとして推進

定期預金の満期や各種償還金が発生するお客さま、預金を含む預り資産が一定残高以上のお客さま等といったかたちでターゲットを明確にし、徹底的に対象先との接点の拡大を図った。

(2) 来店誘致の営業体制の確立

店頭での勧誘を進めると、窓口担当者に事務負担がかかることになる。特に一店舗当りの規模が小さい地域金融機関では窓口が三つくらいしかない支店も多く、一つの窓口で勧誘が始まったら残りの二つの窓口で窓口事務が行われることになるので、その負担感から店内のコミュニケーションがうまくいかなくなることもある。

したがって、来店誘致による販売を強化する場合には、窓口担当者の役割分担と応援体制が必要となる。預り資産業務推進のために窓口での勧誘活動を強化することは銀行として当たり前であり、それを支店全体で応援する雰囲気をつくり、窓口の預り資産業務担当者が勧誘を始めても、ほかの業務が滞ることのないように応援体制を敷くのは、支店長の仕事である。

また、来店されたお客さまとの会話を通じて、お客さまを知ることもできる。実際にこの支店が取り組んだのは、窓口担当者が来店されたお客さまとの会話から得た情報を渉外担当者と共有するために、渉外担当者との連携ノートを作成するということだった。

店頭でお客さまから得た、「おじいちゃんが入院した」「孫が生まれた」等の日常的な情報は、従来その場で消えていたが、渉外担当者がそれを知って「おじいさん入院されたんですか。大丈夫ですか。早く回復されることを願っています」と電話すれば、「心配してくれてありがとう」

といった反応になるだろう。銀行や渉外担当者への信頼感も増すはずだ。

結果として、何かの用件がある時にそのお客さまとのアポイントメントをとることが容易になるだろう。また、おじいさんが無事退院してこられたら、奥さまから「心配してくれてありがとう、お陰様で退院できました」とお礼をいわれるだろう。残念な結果になった場合でも、「心配してくれたけど、駄目だったわ」と感謝されるはずだ。声を掛けていなかった場合との比較は容易である。お客さまに寄り添うということは、お客さまの側に立って気持ちを察することでもある。

渉外担当者からは窓口販売担当者へ「○○さんが△日に店頭に来られる」という情報発信をすれば、そのお客さまが実際に店頭に来られたとき、「○○さん、お待ちしておりました。担当の××から聞いておりました」と、やはりスムーズな対応につながる。

こういうことが日常的にできてくるようになると、お客さまとの信頼関係が深まっていくのは間違いない。預り資産業務の基本である「お客さまを知る」「お客さまに信じてもらう」が実現できるようになる。

また、この支店でもそうだが、関西アーバン銀行の窓口販売担当者は、当日面談したお客さまには可能な限り「手紙」を出していた。内容は、面談のお礼、次回面談のお願いだが、お客さまの状況に興味をもち、お客さまのことを知っていれば、通り一遍ではないコメントが書けるようになる。第1章で中国地方の地銀の窓口担当者が出した手紙の内容を紹介したので、その部分も参照してほしい。

(3) 支店長のサポート

① お礼状を出す

この支店では、支店長が投信を新規に購入したお客さまに対して必ずお礼状を出していた。もちろん、宛名と手紙の中身は自筆によるものだ。もらったお客さまは「ごていねいに、ありがたい」と思われるだろう。これは実は非常に大切なことである。たとえお客さまが一億円の定期預金をしても、銀行からお礼状を出すことはないからだ。

支店長が販売のサポートをする方法としては、支店長による顧客訪問、渉外担当者による訪問への同行、朝会などの場での預り資産業務担当者と新聞記事の読みあわせなどが考えられるが、お客さまへの手紙の効果も絶大である。

まずお客さまから「支店長から手紙もらったよ」と、お礼の電話が担当者にかかってくる。そこで担当者は、「本来ならばお客さまのところにお伺いし、お礼を申し上げるべきところ、お手紙でもってのお礼で申し訳ございません。よろしくお伝えくださいとのことです」と伝える。私が岡下塾で、販売担当者に「こんな手紙を支店長が出してくれたら、次のアポをとりやすいか、とりにくいか、どっちですか？」と聞くと、その場にいる人たち全員が「絶対、とりやすいです」と答える。私は、支店長向けの岡下塾では、こうした販売担当者の反応を紹介して、これこそが支店長のサポートではないだろうかと手紙の効用を訴えている。

実際には「字が汚いから」などと躊躇する支店長もいて、支店長直筆のお礼状を徹底することはなかなかむずかしいようだ。しかし、真剣に預り資産増強に取り組み、販売担当者のサポートをするつもりであれば、こんなのは何でもないことだと思う。この支店では顧客数が二年間で一・六倍に増加したわけだが、その全員にお礼状を出したとしても一カ月一〇枚にもならない。そのくらいの努力は支店長に求められてもいいのではないか。そういった地道な努力を常日頃積み重ねれば、支店内では支店長のサポートに対する驚きが生まれ、その支店全体の取組姿勢は本物になるだろう。

私の話を聞いて、ある大手地域金融機関のある支店長はお礼状を出すことを励行するようになった。そのお礼状をみせられて、よいことはすぐに取り入れるという素早い対応に敬服した。研修会の後、地域金融機関にお伺いして「〇〇支店の支店長はじめ数人の支店長が手紙を出し始めましたよ」という話を聞くと、販売担当者のうれしそうな顔が浮かんでくる。そして、この姿勢が受け継がれ、やがてその販売担当者も支店長になったら、お客さまに手紙を書いてくれるだろうなと、思いを馳せている。

図表４－２

拝啓
新緑の候○○様におかれましては、ますますご健勝のことと
お慶び申し上げます。
この度は、投資信託のご成約を賜り
誠にありがとうございました。心より お礼申し上げます。
これからも ○○様のお役に立てるよう努力してまいる所存ですので
相続・資産形成・運用など、お気軽にご相談下されば幸甚に存じます。
本来ならば 拝眉のうえ、お礼申し上げるべきところ、失礼ながら
先ずは取り急ぎ書中をもってお礼申し上げます。
末筆ながら、どうぞご自愛くださいませ。今後のご活躍、ご健勝を
お祈り申し上げます
敬具
平成三〇年四月○日
株式会社 ○○銀行 ○○支店
支店長 ○○○○

○支店長の手書きによる、お礼状

・支店長自ら便せんに簡単なお礼状を書く

・封筒の宛名も手書き

○販売員の背中を押してあげる

最大効果のある支援策になる

（注）　図表４－２は、参考のために筆者が考えた手紙のひな型である。これを参考に、行内コンプライアンスを確認のうえ、出状されることを期待したい

② 相場ノートの作成

この支店長は独自の相場ノートも作成していた。私がつくっていた「岡下ノート」のことは第3章で紹介したが、それと同様、こうした努力が支店長自身の自信につながり、部下のお手本になり、お客さまからの信頼にもつながったことはいうまでもない。お客さまからは販売手数料や信託報酬をいただいているのだから、そのくらいの努力をするのは当たり前のことだと思うし、その努力は最終的にはお客さまからの信頼というかたちで報われるはずなのだ。

銀行の顧問の時、法人部出身のある支店長から「店勢がダウンしかかっている。回復させるにはどうしたらよいか」という相談を受けたとき、私は「相場ノート」の作成を勧めた。その支店長が実際に相場ノートを作り始めたところ、月日が経つにつれてその効果が出てきた。部下の販売担当者も「相場ノート」を作り始め、お客さまからの信頼感が向上し、支店は業績好調店になった。相場ノートについては、後で詳しく説明する。

3 営業戦略の構築

自店のマーケット環境の把握

営業戦略を考えるにあたっては、どこのだれを対象として活動するかが明確になっていないといけない。そこで、マーケット環境の把握が必要になってくる。

私は研修の講師として地方会場に行く前、数時間かけて当該金融機関の周辺の環境、近隣他行も含めた状況を自分の足で確かめるために、図書館などで地方新聞や地域誌を読むことにしている。そして、自分がこの金融機関の役員、支店長だったら、どのように運営するか考えてみる。

たとえば、ある県の地方新聞には、その県は全国でいちばん独身男性が多いと書いてあった。二番目は愛知県だ。その県は自動車メーカーの下請けが多い地域だった。実はその県の銀行では、「自動運転」をテーマにしたファンドがよく売れている。別の県の地方新聞には、銀行の決算が悪いといった記事のすぐそばに過疎化の問題を憂えた記事が載っていた。その銀行では、店舗の営業時間の自由な設定や移動店舗などを話題にすることができた。

そうした下調べをしたうえで実際に現地に赴き、周辺環境、店舗内状況をみると、みえてくるものがまったく違ってくる。とりわけ地域金融機関はその地域に根差した活動が求められるため、自店のマーケット環境の把握は営業戦略を考えるうえで欠かせないものだ。

重点地域の把握と「選択と集中」

営業戦略上、効果的な地域を「選択」し、施策を「集中」して展開することによって最大の効果が見込まれる。その選択した地域を「重点地域」と呼ぶ。人員・予算・時間といった経営資源が限られていることを考えても、支店が管轄する地域全体を網羅的にカバーするのは非効率的だ。そこで、まずは「重点地域」を確定する必要がある。

具体的には、地図上で取引先の多い町名を色塗りすると、経験的にお客さま全体の六割から七割をカバーする地域を決定できる（作業の見本として図表4―3を参照されたい）。多くの支店で、その色塗りをした地域は「支店の周辺＝店周」になる。その地域のお客さまにとって、支店は「近い」から利用しやすく、来店誘致の活動も展開しやすい。つまり、その地域は、支店がお客さまに寄り添った営業戦略を展開することで、「信頼できる」金融機関となることができる、きわめて「ありがたく、魅力的な地域」なのだ。

そうして重点地域が決まったら、そこに経営資源を集中する。つまり、「選択と集中」だ。営業担当者の「重点地域」での活動は、短い移動距離で接触件数を増やすものとする。来店ベースのお客さまには来店誘致営業を推進する。金額よりも日々安定した成約件数を残すことにこだわり、将来につながる顧客基盤づくりで、地域内シェアを高めることである。

関西アーバン銀行で定期預金の金利上乗せキャンペーンを展開した時には、重点地域からの預入件数、金額が全体の七～八割を占めた。また、お客さまに対して行ったアンケートでも、チラシや電話での告知効果が最も高いのがこの地域だった。つまり、取引シェアの高い地域では、銀

図表４－３　自店マーケットの把握と戦略立案

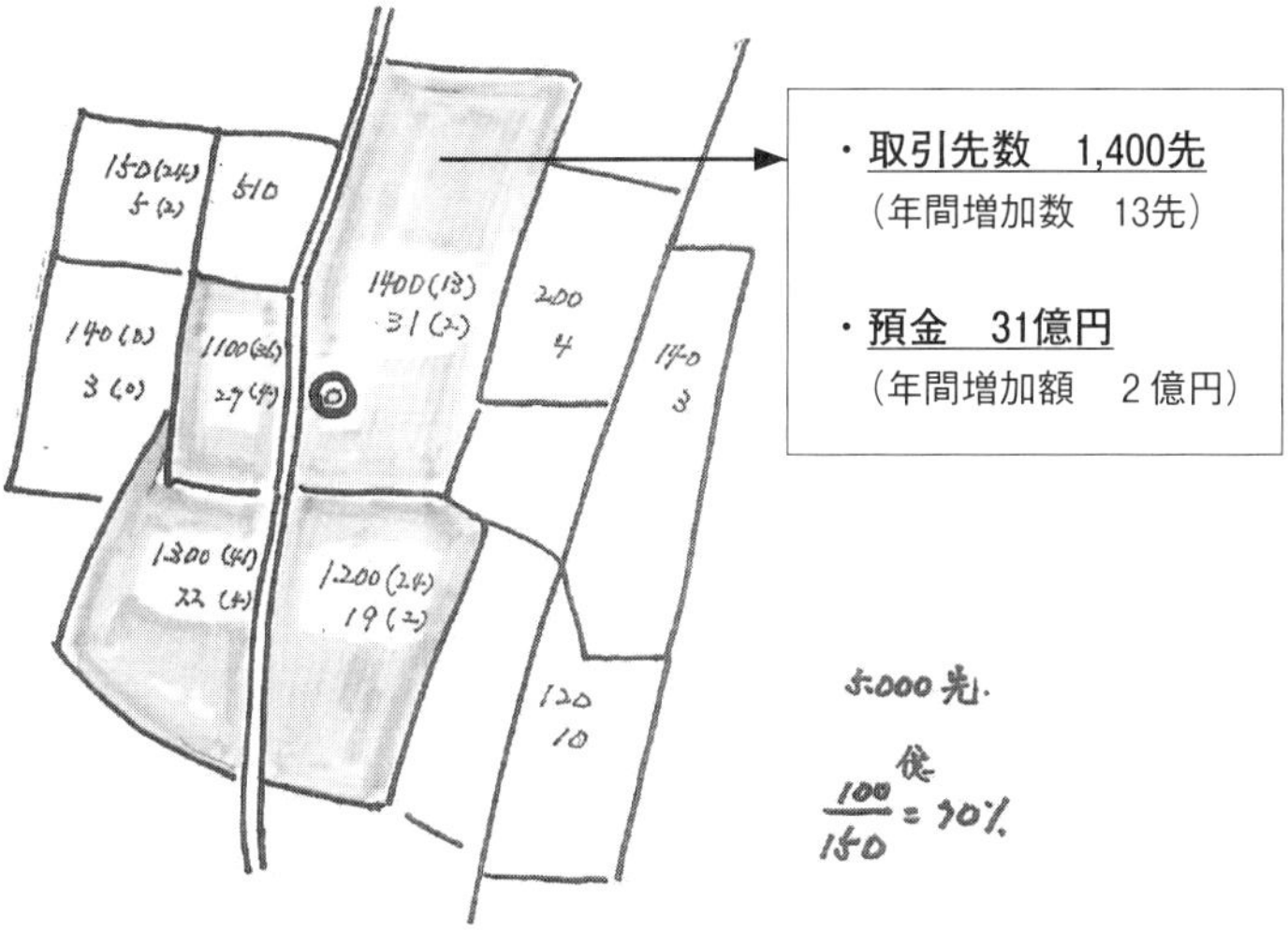

（注）　筆者作成の「見本」であり、実際に使用したものでない。

行の告知を受け入れてもらえる素地がそもそもあるということである。

支店あげての総力戦体制

こうした営業戦略の展開にあたっては、窓口や後方事務職員も含めた支店あげての全員営業体制＝「総力戦」としての取組みが不可欠だ。たとえば、関西アーバン銀行では渉外担当者と窓口担当者にペアを組ませ、お客さま一人に対して二人の職員で対応することにした。このペア制がどのような効果を発揮したかについては、第３章を参照されたい。

担当先の振り分けに課題はないか

重点地域を設定しても、販売担当者の行動が法人営業と同じ「点」の活動になっていては大きな効果は望めない。

「岡下塾」の終了後、若い職員が不安げに「どうしたらよいか教えてください」と訴えてきたことがあった。話を聞くと、この職員は四月から営業に出たのだが、預り資産担当の一番手の先輩が資産規模の最も大きい先、二番手の先輩がその次の先を担当し、その職員は残った先しか扱わせてもらえない。最近、定時定額投信購入サービスの契約を二件獲得し、そのことを上席に報告したら、「費用対効果を考えろ」といわれた。「私の行動は間違っているのでしょうか」という質問だった。

これに対して私は、「積立投信を増やすことは銀行の方針なのだから、君の行動は間違ってはいない。がんばって預り資産業務の王道である新規のお客さまづくりを続けたらいいのではないか」とアドバイスした。この事例は、販売担当者の担当先は本来、地域別に割り振るのが効率的なはずだが、実際にはそうなっていないということも示している。つまり、経験も豊富な優秀と考えられている販売担当者に大口のお客さまを担当させているため、後発の販売担当者は「点」の活動になってしまっているということだ。

これは、地域金融機関が陥っているワナでもある。預り資産業務がスタートした時には手探りで、効率的に営業を推進していくための方法論がなかったため、法人営業と同じやり方を採用してしまった。その体制が改められることなくそのまま残ってしまっているのだ。だが、相当な年数が経って販売担当者が増員されたいま、ほとんどの金融機関において、「担当先をどうするか」に関しては、まだまだ検討の余地が十分にある。

担当先を地域別に割り振ることについては、次のような反対意見がある。

・優秀な（第一グループ）販売担当者は主要なお客さまの信頼が厚く、担当をかえにくい。
・見込み先も含めて、過去タッチした多くのお客さまにすでに担当者コードが設定されている。
・販売担当者ごとに妥当な目標を設定するのがむずかしくなる。

「岡下塾」で問題提起をしても、どうも支店長が結論を下し切れないようだ。どうしても現場ではベテランの上級販売担当者が主要なお客さまを担当し、支店業績の中心的な存在であるといった現実があったり、「若い担当者に任せて何かトラブルが生じたらどうするんだ」といった意見があったりするようだ。そういった諸般の事情があって、現状維持という結論になってしまうらしい。

なかなか判断を下しにくい課題ではあるが、本気で預り資産業務に取り組むのであれば、本部として本質的なねらい（接触先数の拡大による新規のお客さま、残高の増加）とそのための方向性を示し、現場レベルではその本部の意向に即したかたちで柔軟に対応することが必要だろう。担当先の割り振りは、いま地域金融機関に求められている、間口拡大を通じた預り資産残高の拡大という課題の解決にとって、あい路になってしまっているのかもしれない。現状維持に陥らない決断が管理部門には必要とされている。

4 「お客さまを知る」方法

お客さまを知ることが先決

預り資産ビジネスの将来にとって新規のお客さまの開拓が喫緊の課題なのだが、現在までの投信口座数の推移から、「新規開拓の成功モデルはまだみえてこない」といわれている。そこで、大事なことはやはり「基本」だ。お客さまからは「命の次に大切なお金を預けていただいている」ということをまず理解する必要がある。

お客さまにとって大事なお金を、お客さまを知らないで扱わせてもらうことはできない。お客さまを十分に知らない状態で商品勧誘をしたところで、簡単に心を開いてもらえないのは当然だろう。つまり、「お客さまを知る」、そのうえで「お客さまに信じてもらう＝信頼される」ようになることが重要である。

お客さまを知るためには、十分な事前準備（調査）が必要だ。そして、そこから仮説を立てて潜在的ニーズを想定し、お客さまにそのことに気づいてもらい、解決手段として「仕組みとしての金融商品」を提案し、お客さまがそれを「理解、納得」されたうえで成約していただく。販売担当者に求められる役割は金融商品のコーディネーターということだが、実際にはどうか。はたして「理にかなった行動」がとられているのか。

これからしばらくは、お客さまを知るための具体的な方法について触れていきたい。

個人取引と法人取引の違い

法人取引の場合、お客さまを知るための方法論は確立されている。既存取引先であれば、銀行には取引先の貸借対照表、損益計算書、詳細な付属明細書などの資料があり、当初からの融資の経緯が必ず記録されている。新規先でもホームページや企業情報などで取引先の概略を調査し、それなりに目的を明確にしたうえで往訪しているはずだ。

ところが、個人取引になると、お客さまを知るという事前準備が希薄になる。投資信託や保険は目にみえないものであり、お客さまのもつイメージと販売担当者のもつイメージは異なるにもかかわらず、預金残高の多い先への初めての訪問で、いきなり「『使う、備える、遺す』というお金の色分けをしませんか」といった提案をしていないだろうか。

金融商品の提案が受け入れられるか否かは、販売する側とお客さまとの間の信頼関係がどれだけあるかにかかっている。また、初回の面談はできたとしても、具体的な話の展開ができないので、二回目以降はなかなか会ってもらえず、新規のお客さまがなかなか増えないという現象が起きている。こうした現状を打破するためにも、「お客さまを知る」ことが必要になってくる。

金融機関が個人のお客さまに対して事務ミスを犯してしまったとき、通常はそのお客さまとの取引状況や、ＭＣＩＦ（マーケティング用顧客情報データベース）等で取引状況、リスク商品の保有の有無、過去の経緯等を確認し、「お客さまを知った」うえでお客さまのところに出向くだろう。営業活動でもそれだけの準備が必要だ。

銀行がミスをしたときにはお客さまを知る努力をするのに、営業活動をする段になると急に同様の事前準備が行われなくなってしまっているのは、預金残高が多い、定期預金が満期を迎えた、国債・保険の償還が来る、大口の振込みがあったなどのイベントを材料にして、商品ありきの営業活動になってしまっているからだ。事前準備という「有事での対応」を「平時にも行うべき」である。

「お客さまを知る」ために、押さえておくべきは次の五点である。

① 銀行取引状況、キャッシュフロー

② 家族構成、家系図
③ 取引開始日とその時の年齢
④ 預金等のお金の成因
⑤ 資産・負債

以下では各項目のポイントについて説明したい。

生活の基盤であるキャッシュフローを知る

法人と違い、個人のお客さまに貸借対照表や損益計算書や付属明細書はない。自行との取引情報があるだけだが、そこからはお客さまを知るうえで必要な実に多くの情報を確認することができる。たとえば、普通預金の入出金状況からどのようなことが推測できるかを考えてみよう。

⑴ 入金（被振込み）の内容から推測できること

給与振込みからは、勤務先（役職）や年収を把握することができる。お客さまが六〇歳超であれば、嘱託等であろう。資産形成層であれば、そこから収支の話題を引き出すことで、生活費を超える余力について、将来に備えて積立等を行わないかという勧誘ができる。

年金振込みからは、厚生・国民・遺族・企業年金等の種類が確認できるので、そこから生活の基盤となる収入がどれだけあるかがわかり、将来の生活不安を解消するための提案が行える。平均余命の話題などを持ち出し、「余力を資産形成に充てませんか」などと会話を展開する。最近では年金の受給年齢を後ろにずらし、受給金額を増やしているケースも見受けられる。

証券会社や信託銀行から株式・債券の売却金、利子、配当金等が振り込まれていれば、金融資産の保有状況を推測することができる。

家賃、地代、駐車場代などの不動産に関する振込みがあれば、賃貸物件を保有しているということになる。別途、物件のある場所（地図で確認）、戸数を確認してその価値を把握したうえで面談に赴き、その不動産をどのように取得したのか（先代からの承継など）、将来はどうしたいか、現在困っていることはないか等の話題を展開することになる。

⑵　出金の項目も押さえておく必要がある

出金項目、たとえば生活資金の金額や百貨店でのクレジットカード決済の状況などから、お客さまの生活のあり方がみえてくる。公共料金の引落金額の大きな変動は、生活の変化を示している。たとえば、夏場の水道利用料金が一般的には増えるのに減っている一方、秋口に多めのクレジット決済があった場合などは、旅行好きなお客さまなのではないかという推測が成り立つ。そういった仮説は、家族のだれと一緒に行かれたのか、一緒に行かれた人への遺す仕組みの提案、あるいは、年複数回の分配型投信（取崩し型）で旅行費用に充当するといった提案につながる。

家系図を通して家族に寄せる思いを知る

私は研修で参加者にこう質問している。「あなたのご両親は預金されていますね、だれのためでしょうか」。参加者からは一様に「自分の老後や子ども、孫のため」という答えが返ってくる。すかさず私が「お客さまを往訪した際、お客さまには何人のお子さんやお孫さんがいて、お子さんは結婚されているかなどの家族の状況を理解したうえで話していますか？」と聞くと、ほとんどの人から「そこまで調べていません」「訪問して商品ニーズがあるかを聞くことが先決です」という答えが返ってくる。家族やお金に寄せる思いに興味をもたない金融機関の担当者に対して、お客さまが本当の思いを話すはずもない。

まずは、お客さまの家族構成を把握することだ。しかし、情報収集目的をあからさまにして質問したら、そこで会話が途切れてしまうだろう。日常的な会話のなかで、ご夫婦であれば双方のご両親や祖父母のこと、その健康状態、要介護かどうかなどを聞いておけばよい。家族構成（家系図）だけではなく、お子さんやお孫さん（内、外孫）との関係なども知っておく必要がある。少し遠い親戚も集まるような年中行事、たとえば、正月・法要・お盆・夏休みの話題も参考になる。また、病気がち等で気にかけているお子さんやお孫さんがいることなどを聞けることもある。

お客さまの家族に対する思いを知ることができれば、お客さまの金融商品に対する潜在的なニーズに気づき、お客さまの思いをかたちにすることができるようになる。たとえば、夫はすでに亡くなっていて、娘一人、孫一人のおばあちゃんの二〇〇〇万円の定期預金のうち、一〇〇〇万円の満期が近々来るとする。おばあちゃんの娘さんやお孫さんを思う気持ちを知っていれば、その一〇〇〇万円を有効に活用して、年五〇万円ずつ取り崩して生活費に充当する仕組みを提案することができるだろう。二〇年でなくなるが、老後の生活費の補充分としてはそれで十分だろうし、「奥さまにもしものことがあった場合には、娘さんが受け取る権利を引き継がれることになりますよ」と伝える。

そして、「娘さんは年に一回、銀行で金額が記帳された預金通帳をみながら一緒に来たお孫さんに「今年も天国のおばあちゃんからプレゼントが届いたよ」というでしょう。するとお孫さんは空を見上げて、「天国のおばあちゃん、今年もありがとう」といい、娘さんはお母さんの「思い」に感謝し、お母さんのことを思い出されるのではないでしょうか。娘さんとお孫さんに「思い」を届けませんか」とイメージを喚起する。そこまで具体的な提案をすれば、お客さまは「じゃあ、どうしたらいいの?」と耳を傾けてくれるだろう。そうしたら、保険商品提案の作業に入ればよい。

お客さまの心のなかにある「思い」、それこそが「お客さまのニーズ」なのだ。それについての仮説を立て、潜在的ニーズに気づいてもらい、解決策としての金融商品を提案する。販売担当者がお客さまから信頼されることで、その提案は心に響くものになる。最終的にものをいうのは、販売担当者の人間力ではないかと思う。

取引開始日とその時の年齢を知る

取引開始日は、銀行の帳票には必ず記録されている。それと生年月日を照らし合わせれば、取引開始日の年齢がわかるはずだ。

私が研修のとき、参加者の二、三人に「あなたは自行以外の金融機関に口座がありますか?」と聞くと、ほとんどの人が「ある」と答える。次に「その口座開設は何歳の時で、動機は何だったのですか?」と聞くと、二〇歳前後にアルバイト代の振込口座としてつくったという回答が多い。なかには「子どもの学校の関係」という答えもある。

私はさらにこう問いかける。「その口座のある金融機関の職員が二人訪ねて来ました。一人はいまある預金の残高について、いきなり「将来のことも考えて「使う、備える、遺す」のお金の色分けをしませんか」と提案してきました。もう一人は、「お取引いただいたのは二〇歳の時ですね。そのきっかけは何だったのですか」と聞いてきたとします。あなたはこの二人の職員のうち、どちらに親しみを感じ、話を聞こうと思いますか」。すると、全員が「二人目の職員です」と答える。

一人目の職員のような、現在の取引状況だけをみた提案ではなく、二人目の職員のような問いかけをすることで、取引開始から現在に至るまでの話題にもつながり、会話は他行の取引状況などにも波及するものだ。ところが、「では、あなたはお客さまの取引開始日と、その時の年齢を調べて訪問（面談）していますか」と聞いても、現状そこまでやっている人は少ない。

法人との融資取引の場合、取引経緯は記録されおり、担当者はこれを熟知し、同行訪問の際には必ず上司に対して取引経緯について説明するはずだ。個人取引でもこれと同様、取引開始時の年齢やその動機を知ることは、「お客さまを知る」「信頼感を高める」要素としてとても重要だ。

もっとも、販売担当者がデータ記録をスクロールしなければ、お客さまの取引開始日や生年月日を取り出せないシステムになっている金融機関もある。支店長などに聞いてみると、「昔はお客さまの取引開始日や生年月日を一覧できるカードなど資料をつくっていた」という人が多い。預金集めをしていた時には、お客さまを知るための資料をつくっていたが、預金集めが不要になるにつれて、そうした工夫がされなくなってしまったというわけだ。

私は三井住友銀行のブロック長の時、独自に作成したカードを使っていた。関西アーバン銀行でも営業職員が個人のお客さまの情報を一覧できるカードを作成していた。両方ともカードは紙ベースだったが、関西アーバン銀行では後にデータとの両建てになった。データだけだとメンテナンスがおろそかになるから、紙と両建てのほうがいいだろう。

実際にお客さまにお会いする前に、お客さまの取引開始日、生年月日、口座開設時の年齢などのデータをしっかりとみていれば、多くの気づきがある。たとえば、六〇歳台の口座開設動機は、退職した後の年金受取り、相続などのイベントが多い。そうした事実の把握は、お客さまのニーズについて仮説を立てるのに役立つ。

さらに、カードには、過去の取引経緯とともに、お客さまの金融資産に対する考え方、お金の「使う、備える、遺す」についてのお考え、ご家族に対する思い、相続の経験、資産承継のお考えなど、お客さまとの面談を通じて得た情報をそのつど記録しておくことで、お客さまのニーズに沿った提案が可能になる。また、担当者の転勤等の時に後任の担当者への引継ぎがスムーズにできるようになる。

お客さまをよく知るためのカードを作成

○そのつどヒアリングできたことを、記入しておく
○お客さまの、金融資産に対する考え方
○お金の、「使う、備える、遺す」についての、お考え

○ご家族に対する思い
○相続のご経験など
○資産承継のお考え

カードに、記録しておくことで
○お客さまのニーズにあった提案が可能になる
○転勤等で引継ぎがスムーズにできる

個人のお客さまの取引経緯には、なんらかの偶然や、必然性のあるストーリーが存在する。販売担当者に取引経緯を話したお客さまは、その販売担当者を信頼し、その後も必ず本当のことを話してくださるようになる。取引経緯を切り口にした提案の例を示そう。

お客さまは現在五三歳の主婦で、ご主人は健在、定期預金二〇〇〇万円のうち近々一〇〇〇万円の満期が来る。二〇一〇年、四五歳の時の取引開始以来、年利息の六〇〇〇円が元金に加えられるだけで、定期預金のまま置いてあるとする。

これだけの情報ではどう対応したらいいかわからないが、仮説を立ててみる。定期預金をつくったのが四五歳の時だとすると、お金の成因は相続かもしれない。被相続人の年齢は、相続人の年齢プラス三〇歳とすると七五歳になる（三〇歳の時に生まれたと仮定する）。被相続人の七五歳という年齢から、子ども（奥さま）からするともう少し長生きしてほしかったという気持ちがあるだろうし、お金については子ども（奥さま）や孫のために遺されたと考えることができる。事前準備として家族構成を調べてみる必要がある。

まずは事実を確認して、取引のきっかけが予想どおり、おじいさま（お父さん）から相続した資金の預入れであったとすれば、次のような会話の展開が考えられる。「あと一〇年は長生きしてほしかったですね。天国のおじいさまは、このお金にどんなことを託しておられるのでしょうか？　奥さまやご家族が少しでも幸せに暮らしてほしい、その糧になればという思い、あるいはお孫さんへの支援のお気持ちを託されているのかもしれませんね。おじいさまの願いをかなえられる、仕組みの話を聞いていただけますか？」

あくまでもお客さまの反応を確認しながらだが、「奥さまにもしものことがあれば、このままでは半分はご主人に行くことになります。おじいさまのお気持ちとしてはどうだったんでしょう」という言い方も考えられる。お客さまからは、「父（おじいさま）の気持ちに寄り添うための方法が何かありますか」と問われるかもしれない。

「お金の成因」は四つに大別される

お客さまの取引開始日と、その時の年齢から、取引のきっかけやその後の人生へと話題が広がると、必ず「お金の成因」の話が出てくる。お客さまの潜在的なニーズについて仮説を立て、それに気づいてもらい、解決策として金融商品を提案するにあたっては、お金の成因を知ることが重要である。お金の成因を知らないと、お客さまの思いと相反した的外れな提案になってしまう。お金の成因は、大きく四つに分類することができる。

(1) 自分で稼いだお金（事業によるものや、給与、退職金等）

この場合、若年層に対しては長期にわたる資産形成の必要性から「つみたてＮＩＳＡ」の提案、五〇～六〇歳台の熟年層に対しては自助年金と合わせて退職金などで投信を購入し、中長期で運用して老後の安心と夢を実現するという提案が考えられる。退職者に対しては、「今度は自分で稼いだお金に働いてもらう」という言葉を使えば、提案の意図がイメージしやすくなるだろう。

優遇金利の退職金専用定期預金から預り資産への移行の取組みをスムーズに進めるためには、奥さまが一人になったときの生活資金を確保してあげることが必要である。お客さまの年齢が六

○歳、奥さまの年齢が五七歳だとすれば、六〇歳のお客さまの平均余命は二四年、五七歳の奥さまの平均余命は三二年になる。したがって、八年間という奥さま一人の期間が生ずることになると予想されるので、この間の生活費（遺族年金はあるが）として一〇〇〇万円を分割して受け取る方法を「奥さまは月いくらあればゆとりある生活が送れるでしょうか？」と問いかけて提案すればいい。そうした提案を受け入れてもらうことができれば、ご主人は安心して投信を購入し、その分配金で生活の充実を図ることができるだろう。

(2) 資産売却で得たお金（株式、不動産売却等）

自らの資産を売却してつくったお金であれば、相場環境等をみながら自ら売却価格を決定している可能性が高い。ということは、相場変動への理解があるので、リスクの高い投信などでの資産運用提案がしやすい。

(3) 親からもらったお金（相続、贈与）

相続や贈与で親からもらったお金は、基本的には自分も次世代へスムーズに引き継ぎたいという思いが強いはずだが、運用に興味のある人もいる。そこで、相続税の納税資金の準備や相続税法第一二条に基づく保険金の非課税枠の活用などで「安心」を確保しつつ、遺贈者が願うであろう受贈者の豊かな生活の糧にするため、増やして使う「夢としての投信」の提案ができる。

(4) 亡くなって発生するお金（おもに保険金）

この場合、「命と引き換えのお金」なので丁重な対応が必要となる。相談に来たお客さまのことをより深く知ることが必要である。

資産・負債の把握

お客さまの資産・負債の把握は、金融商品取引法で求められるいわゆる適合性の原則にも関係する項目であり、お客さまの全体像を把握するために必要なことだが、最初の面談ですべてを教えてもらえるようなものではない。したがって、いろいろな場面を通じて情報収集を行うなかで、把握・確定していかないといけない。

たとえば、資産家のお客さまの場合、二月頃に「確定申告はもう完了されましたか」と聞くことで保有する資産へと話題を広げることができる。また、固定資産税の納付時期には、所有不動産の明細に触れることができる。物件が居住地以外にあれば、それを所有するに至った経緯等を話題にすることもできるだろう（相続に起因する場合が多いだろう）。株式の配当金の振込みから、所有株式数を推測することもできる。

負債についても、たとえば、地権者でアパートローンがある場合などは、地図帳にはアパート、マンションに地図番号がつけてあり、地図帳の最後のほうのページには当該地図番号のアパート、マンションの部屋数が書いてあるので、部屋数×一〇〇〇万円で総工費のおおその見当をつけることができる。ただし、情報を確実にするには、確定申告書をみせてもらう必要がある。

お客さまの資産・負債の情報も、取引開始日や生年月日と同様に、顧客カードに集約して一元管理すべきである。こうした仕組みが確立できれば、お客さまの情報が担当者一代限りではなく、多くの担当者に引き継がれて活用されていくだろう。前に述べたように、お客さまカードは紙ベースとデータ管理の併用が効果的というのが私の意見である。

お客さまを知ることで成約に至った事例

ここで、お客さまを知ったからこそ成約に結びついた事例を二つほど紹介しよう。

(1) お金の成因を知ったことで成功した事例

お客さまは七〇歳台後半の男性で、会社を経営している。奥さまと二人暮らしで、子どもはいない。会社はかつて隆盛を誇った大きな工場跡地の敷地内で、現在は細々と家内工業的な製造業を営んでいる。お客さまは証券会社で数億円程度の資産運用を行い、銀行でも何千万円かの投信の預りがあるが、追加購入や、特別金利預金キャンペーンにも興味を示さない。そこで、支店長から「資産運用について提案したいがどうしたらよいか」と相談された。

私のアドバイスは次のようなものだった。最初は社長に「ご商売がいちばん忙しかった時のことを教えてください」と懇請して話を一時間聞く。一時間経ったら長時間お話ししていただいたことに対しお礼をいって退席せよ。そして、二～三日後、しっかりと事前準備をして訪問せよ。その時に社長は多分、こういわれるだろう。「この間、何か用事があったのか」。ここからが重要だ。「ご苦労されて築かれた資産、今度はお金に働いてもらいませんか」という話をすること。すると、社長はもともと証券会社も使っておられるから聞かれるはずだ。「商品、何かあるのか?」それを受けて、事前準備をした商品について熱く説明せよ。

数日後、担当者に二回とも同行した本部の地域個人営業部員から私のところに報告があった。「アドバイスどおりに昔のご商売の話をしてもらいましたが、その時の社長の話しぶりは、いままでにないくらい輝いておられました。あんなに元気なお姿は初めてみました」。その後、社長から二回にわたって振込みがあり、相当額の投信を購入するに至った。

私の経験から、お金の成因が事業から得られたものであれば、事業の最盛期の頃の話を教えてもらうとよい。高齢の方でも自分の成功体験について話すときには、生き生きと輝いているものだ。その成功体験を通じて築き上げた資産の今後について、お金の成因（資産形成の経緯）を知っている販売担当者からの提案は、単に残高だけをみた「使う、備える、遺す」に色分けしませんかという提案よりも、お客さまの心に響くものになる。

⑵　誕生日を意識した活動

お客さまは七〇歳台の男性で、会社を経営している。奥さまとは死別し、子どももいない。多くの金融資産を保有する資産家で（不動産も多数あり）、過去には親密な時期もあったが、少々気むずかしいところがあって、現在は疎遠になっている。相続人は実弟。支店としてはつきあいを再開したいが、手詰まり感がある。何か切り口はないかということだった。

私はこうアドバイスした。「奥さまが亡くなられてから五年、一人での生活は寂しいのではないか。食事はどうされているのだろうか。好きな食べ物は何だろうか。誕生日をみると今月の二五日だから、誕生日のお祝いをして差し上げてみてはどうだろうか。奥さんが亡くなってから誕生日を祝ってもらったことはないかもしれないから、「お祝いの言葉」を届けよう」。

相談会に出席したメンバーは、みんな「えっー！」という驚きの反応だった。実際には、花束は渡せるが、ケーキにかわるものとして、担当者の女性から「赤飯はどうか」というアイデアが出されたので、花束と赤飯を支店長と担当者が「誕生日おめでとうございます」といって届けた。私からは、届けるにあたって投信の話はいっさいしないように指示した。

その時、お客さまははにかむ感じであったらしいが、一カ月後に「支店長、車出してくれ」という連絡があり、その足でほかの金融機関から何千万円かを下ろして、既存の保有投信を追加購入された旨、支店長から報告があった。その際、お客さまは「いいタイミングで買えた」といっておられたということだった。私は「それならもう一度、買っていただけるはずだ」といったが、はたして翌月も同一投信を購入された。実はお客さまが買った投信は豪ドル物で、購入時期は円高局面だったのだ。

5 営業活動の実践

ターゲットとするお客さまの「見える化」

「3　営業戦略の構築」「4　「お客さまを知る」方法」の節で、預り資産業務の推進にあたっては、「どこで」(重点地域)、「だれを対象にして」(残高で絞込み)、「どのようにして」(お客さまを知ることによって)、活動するかを明確にすることが重要であると述べた。その活動の起点になる資料として、お客さまをセグメントして重点推進先をピックアップした「お客さまリスト」が必要である。

このお客さまリストはデジタルデータだけではなく、紙ベースの台帳にして、六カ月間程度活用すると効果が出る。紙ベースのほうが、ボリューム感がわかるし、上席者が閲覧できて便利である。たとえば、前述したように、どの金融機関でもおおむね一五%のお客さまが残高の八〇%を占める。この一五%のお客さまをメインターゲットとし、多面的かつ集中的な働きかけを行う。

こうした情報管理もやはり組織的になされないと効果があがらない。せっかく担当者が日々の活動を通じて集めた情報を宝の持ち腐れにすることは避けたいものだ。

言葉と行動に工夫が必要

岡下塾では　参加者から「勧誘する前から投信はいらないといわれる」「これ以上、投信は買いたくないといわれる」「未保有先は不在先が多い」といったネガティブな意見が聞かれる。これに対して私は、「みなさんは、商品知識は十分に備えているとは思いますが、そのせっかくの知識を伝えるための「知恵・言葉・行動」にもう少し工夫が必要ではないだろうか」と訴えている。本項では、お客さまに理解・納得してもらうための「知恵・言葉・行動」について考えてみよう。

(1) 定期預金の勧誘をしたことがあるか

私が研修の場で参加者に「定期預金を勧誘したことがありますか?」と聞くと、ほとんどの人たちから反応がない。預り資産業務の現場では、預金残高の多い人へのセールスが前提になってしまっていて、定期預金そのものは積極的に勧誘すべき金融商品と位置づけられていないのが現状だろう。

しかし、実際に定期預金の勧誘をしたらお客さまはどのように反応されるだろうか。「金利が低いのに手続だけでもめんどうだ」といわれる可能性が高いが、その「金利が低い」という不満から潜在的なニーズへと会話が広がる可能性もある。いったん会話が広がれば、そこからお客さまの潜在化したニーズを喚起し、提案へとつなげられる可能性もある。

地域金融機関では通常、預金に対する定期預金の比率は七五%程度だが、それが二五%と極端に低い銀行もある。県で九割のシェアを誇る独占的な地位にあり、普通預金だけでも十分に資金が安定しているので、わざわざ定期預金を集めなくてよいのかもしれない。

しかし、最初から商品を売ることだけが仕事ではない。お客さまのニーズを満たすことが販売員の本質的な仕事である。お客さまへのアプローチの間口を自ら狭めずに、定期預金という切り口で提案してみるのも一つの方法だろう。

⑵　投資信託の魅力をわかりやすく伝える

お客さまに投資信託といっただけで、「もういいわ」と断られたケースはないだろうか。信頼関係ができていない状態でいきなり提案しようとしたのでは無理もないが、そうであっても表現の仕方に工夫があってよいと思う。つまり、投資信託という仕組みの「魅力」を理解してもらうための工夫である。そのうえで販売用資料、目論見書でしっかりと説明し、お客さまに納得していただいたうえで購入してもらえばいい。

たとえば、お客さまに「好きな果物は何ですか？」と聞いたら、それがリンゴだとわかった場合、こんなイメージで投信の魅力を伝えるのはどうだろうか（注）。

（注）以下の話法は、あくまでも投資信託の仕組みを説明するための入口として、お客さまにイメージを喚起してもらうことを目的とした話題提供であり、これで販売するにあたって十分な説明になるということではない。

「国光やふじ等たくさんの種類とたくさんの本数のリンゴの木を植えたリンゴ園があったとします。そこに入って、いろいろなリンゴの実をとるためには入園料が必要です。そのリンゴ園では一万円からリンゴの実をとる権利が買えます。また、プロの管理人さんが育ててくれるので、日当を払う必要があります。そのかわり、季節になったら好きなリンゴをとることができます。

ただ、豊作のときもあれば、自然災害などで例年より収穫が大きく落ち込むときもあります（マイナスの話も必ずする）。でも、プロの管理人さんが育てていますし、たくさんの種類と本数ですから、全滅するということはありません。そんなリンゴ園に投資するのはいかがですか」

投信というみえない商品を販売しているのだから、お客さまにとってイメージを喚起しやすい説明をすることが大切だ。こんなたとえもある。会津地方では、家に娘が生まれたら裏山に桐の木を植え、その娘が年頃になって嫁に行くことになったら、桐の木を切ってタンスにし、花嫁道具として娘にもたせるという風習があったそうだ。分配型ではなく、成長型のファンドを販売するときに、投信の購入を桐の木を植えることにたとえれば、イメージが伝わりやすくなるかもしれない。お客さまの立場に立った、イメージづくりを工夫すべきである。

(3) 新規購入時から複数ファンド保有化を

私が知りうる限り、地域金融機関の投信販売においては、複数ファンド、それも三ファンド以上を保有している親密先への販売がほとんどで、単一ファンド保有先の複数ファンド保有化はなかなか進展していないのが現状だ。金融庁の公表資料をみても、地域金融機関の単一ファンド保有先は全体の約五〇％、二ファンド約二〇％、三ファンド以上が約三〇％となっている。

岡下塾では「今日、投信を購入したお客さまに次回も購入していただくためには、できれば三

図表4－4　へそくりを隠す場所の絵で分散投資のイメージを喚起する

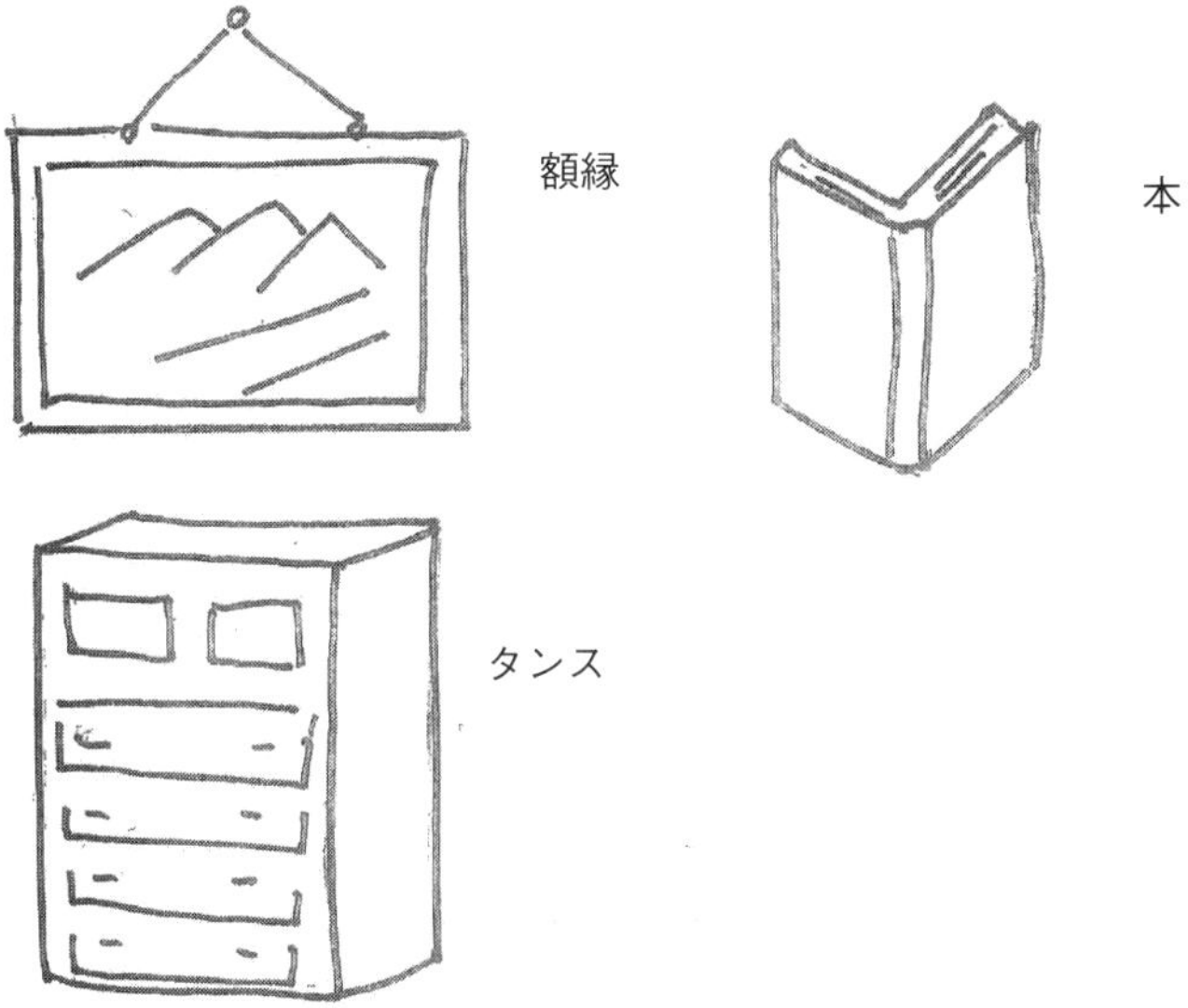

つのファンド、最低でもメインとサブの二つを提案する必要がある」といっている。

いわゆる分散投資の必要性をお客さまに説明するとき、たとえば、「へそくり」を例に出して、「お客さま、へそくりを隠すときには、額縁、タンス、本の間などに分散しませんか？　投信での運用でも分散するといいのです」と説明するのはどうだろうか。図表4－4のような絵をノートに書いて見せれば、さらにイメージを喚起しやすいだろう（注）。

（注）　この絵はあくまでも最初のイメージづくりを目的としたものであって、実際に販売するにあたっ

ての説明は販売用資料に基づいて行う必要がある。

その際購入金額については、当方から金額を提示するのではなく、「お客さまのご判断いただける金額でお願いします」といって、金額のハードルは低くし、複数商品への分散投資にこだわることが大切だ。

お客さまに入口で複数のファンドをご購入いただければ、三・六・九・一二月には運用状況報告書が郵送される。それをもとにしてお客さまフォローをすれば、単品よりも複数ファンドのほうが比較できるので話題も広がりやすいだろう。そして、時間分散という考え方を紹介して、お客さまに追加購入を勧めればいいのではないか。

⑷　新規購入ではＮＩＳＡの積極的な活用を

新規で投信購入を決断されたお客さまがまだＮＩＳＡ口座をつくっていなかった場合、成約を急いで課税口座で購入していただくのではなく、購入を一時的に控えてもらってＮＩＳＡ口座の開設を勧めたほうがよい。その場合、「今日は、投信は買わないでください」というと、お客さまは「なぜ？」と聞くだろう。そこで、ＮＩＳＡの仕組みと申請手続の説明をする。そして、「今日は申請をしていただき、ＮＩＳＡという「入れ物」ができましたら購入の手続をご案内いたします」と提案することになる。このようなお客さまは、ＮＩＳＡの非課税枠いっぱいに購入される可能性が高い。

第3章で述べたように、金融機関にとってNISAは残高を積み上げる有力なツールであり、お客さまに継続的に投信を買ってもらう基盤となる。目先の実績にこだわるよりも、「お客さまにとって何がベストか」を考えるべきである。お客さまに寄り添った視点で販売すれば、信頼され、次回の購入を期待できる「購入予備軍」のお客さまづくりにつながる。

預り資産営業のよくできる人は何をしているか

私が経験した、「よくできる販売員」の特徴をまとめてみよう。

お客さま別に各種資料をファイリングし、面談前に事前準備ができている

優秀な販売担当者はお客さまと面談する前に、前回の面談の確認をし、お客さまの関心事は面談の最初に話題にする。そのためには、面談で得た情報をそのつど記録し、家族構成や心配事などを把握するとともに、お客さまごとに提案資料などをよく整理しておかなければならない。

また、当月進行中の案件を「進行中」「提案未済」などに分類して進捗状況の見える化を行い（なかには来月、再来月の案件の分類をしている販売担当者もいた）、対象先の月内アポイントメントのスケジュール管理をしなければならない。

アポ取りするお客さまの優先順位にも特徴がある。優秀な販売担当者の優先順位は次のようになる。

① 提案理由があり、面識もあるが、なかなか会えない先
② 十分な面識はないが、提案理由があり、会いたい先
③ 十分な面識があり、提案理由があるが、いつでも会える先
④ まだ面談をしていない先

普通は会いやすい先に会おうとするので、③が優先されることになるが、優秀な販売担当者はいつでも会える先を三番目として、①②のような、なかなか会えないお客さまに会おうと工夫する。

面談時は、ていねいでわかりやすい説明を心がける

優秀な販売担当者は、面談時にはできるだけ図表などを用いて、わかりやすく説明しようとしている（販売用資料の活用）。また、独自に相場ノート（マーケット、投信基準価額）を作成し、現在と過去との相場の比較やトレンド等について即座にコメントできるように工夫している。

また、お客さまの心配、不安なことを吸い上げ、共有しようとする姿勢がみられる。たとえば、来店誘致の際にも、お客さまの交通手段を聞き、移動時間に配慮して面談時間の設定をする。そういう配慮を受けたお客さまからの販売担当者に対する信頼は厚いものになる。

アフターフォローが十分にされている

預り資産の「成約ノート」を独自につくり、その時の話題など些細なことを記録している。約定日を記録して参照できるようにしておくと、お客さまから質問があったときに素早く対応できる。相場ノートと成約ノートについては、「アフターフォローは信頼関係構築の第一歩」の項で詳しく説明しよう。

また、優秀な販売担当者は日常的に手紙を活用している。そこでは、面談していただいたことへの感謝の言葉を述べるとともに、お客さまへの配慮を示す言葉を添えると、次回の面談へとつながる効果がある。第1章で紹介した、米をつくっているお客さまへの手紙の末尾に、「○○様にとって、今年の秋も実り多いものとなることをお祈りしております」と書いた優秀な販売担当者の例をみならってほしい。

預り資産業務の好調店にみる特徴

預り資産業務の発展のためには販売担当者の営業力強化が必要だが、支店長の取組姿勢が販売担当者のモチベーションにいちばんの影響を与える。部下にやる気があっても、「支店長が興味をもつのは融資の話だけ」「個人先への顧客訪問は少ない」「販売担当者との同行活動もない」では支店は活性化しない。支店長の興味のないことに部下は反応しないからだ。

私はこれまで、「支店長が変われば店は変わる」という例をいく度となくみてきた。よく販売する職員が転勤や産休になると、これまで好調だった支店の業績が急にトレンドダウンする場合もあるが、支店長の仕振りがよいと、三カ月もするとまた回復してくる。なぜかといえば、後任者が前任者の優れた販売手法を引き継ぐように教育され、人を育てる風土がその店にはあるからだ。つまり、支店長がそういう風土をつくりあげているのだ。

支店長の関心のもち方・サポートの仕方いかんで支店の業績が決まってくる。預り資産業務の好調店にみる特徴をまとめると、次のようになる。

支店長が率先垂範する全員営業体制である

販売員と一般行員（含む融資）との協力体制ができており（たとえば、第3章で紹介したような営業職員と内勤者とのペア体制等）、店内に職員を育てる風土がある。

新規のお客さま（間口）と販売件数、プロセスにこだわっている

新規のお客さま（間口）の拡大と販売件数、営業活動のプロセスにこだわり、販売額、収益は結果であるという考え方で業務が運営されている。

研修などの場で、支店長の預り資産業務へのかかわり方を販売担当者などに聞くと、「積極的に関与されている」「渉外の販売担当者にトスアップするように指導してもらっている」との声もある一方、「数字の管理はするが活動への関与がない」「融資には力を入れるが、預り資産業務は二の次と感じる」「販売担当者との同行活動はほとんどない」といった残念な声も聞かれる。

そして、支店長への要望として、「法人先を訪問した際に、ニーズを発掘してほしい」「大口販売先やフォロー先に同行してほしい」といった声が聞かれる。

こうした要望があがってしまう現状に対する対応策として、私が提案したいことを以下で述べる。

⑴　新規購入先に対する支店長名の手書きのお礼状

支店長が手書きで出すお礼状の効用については、「2　預り資産業務の体制」における「飛躍的に販売実績を伸ばした実例」の項で述べた。支店長が直接販売することがなくても、お礼状を出すことで販売担当者のサポートになるのだ。

⑵　支店長の預り資産業務に対する「三つの禁句」と「こうすればよくなる」という改善トーク

以下の三つは部下のモチベーションを下げる禁句である。

①「預り資産のことは任せるよ」

言葉は格好いいが、悪いときも関与しないということになる。

②「今日の実績はいくらだ」

実績は報告書をみればわかる。

③（販売不振のとき）「どうして売れないのだ」

販売担当者にとって、いちばんしてほしくない発言である。

それぞれ、次のように改めてほしい。

①´「一緒にやろう、協力するよ」
②´「今日売れたファンド、買われたお客さまのご意向はどうだった」
③´「いまお客さまは、どんなふうにいわれているの」

①´の言葉は、支店長も一緒になって預り資産業務に取り組むという姿勢を示し、②´は、支店長も現場の状況を把握しようとしていることを示している。支店長が、ファンドを買ったお客さまの意向（安定しているから等）を聞いておけば、別のお客さまを往訪した際に「いまこういう理由でこんなファンドが売れていますよ」と情報提供し、お客さまが関心を示すようであれば、帰店して販売担当者にその旨を伝えることができる。そうすることで販売担当者は支店長に気にかけてもらっていることがわかり、感動するだろう。

③´は、数字だけを販売担当者に要求しないということ。販売が不振であれば、なぜ不振であるのかを考え、一緒に改善の糸口を探そうとすることである。

販売担当者が一人でがんばっても、お客さまに寄り添った対応はできない、支店長が率先垂範し、全員協力体制を確立することで実現するのである。

アフターフォローは信頼関係構築の第一歩

次にアフターフォローはどうあるべきかを話したい。特にルールを決めなくても、アフターフォローは「当然」というのが基本的な考え方だ。自分の家族に対して販売したら、その後何もしないで放っておくだろうか。お客さまとの取引で、利益が出ている・いない、利益率が良い・悪い、金額の多い・少ないは、銀行の基準でしかない。お客さまにとって、運用に回すお金は大切な、一生懸命働いて得た「汗の結晶」であるという認識があれば、その運用において何か異常が起きたら、きちんと説明するのが当然ということがわかるだろう。

われわれ金融機関は「販売手数料」や「信託報酬」をお客さまからいただいている。販売時の手数料二～三％は低い数字ではない。たとえば、不動産仲介の手数料は約三％だが、業者はお客さまに交付する重要事項説明書の作成のために物件を詳細に調査しなければならない。お客さまから手数料をいただく以上、手間をかけるのは当然である。

⑴　初めての投信購入先は必ずフォロー

特に初めて投信を購入したお客さまには十分なアフターフォローが必要だ。分配金ありのファンドの場合、二回目の分配金まではきちんと連絡し、普通・特別分配の違いについて説明しておかなければならない。利益の配当である普通分配には税金がかかるが、元本の取崩しである特別分配には税金がかからない。この違いについては、分配金の増減時に質問されることが多い。

成長型ファンドの場合、機会があるたびに運用状況を説明しておくことが必要だ。面談や電話で説明する際には、ご家族の話題等をしながら、お客さまに変化がないか（家族の病気など）も確認しておく必要がある。それによってお客さまに新たな潜在的ニーズが生じているかもしれない。次回の面談の機会を確保し、購入予備軍となっていただけるように努める。

全投信保有先の半数を占める単一銘柄保有先は、比較的少額ということもあり、往訪しても「そのままにしておいて」とか、「わかっているから、もう来なくていいよ」などといわれるケースが多いと思う。しかし、銀行の内部情報を確認しながら話題を広げる努力をすべきだ。たとえば、口座開設年月日とその時の年齢から口座開設動機などを教えてもらうなどである。

お客さまのところに一回だけ会いに行って、その後は「どうせ前と同じだから」といった先入観で行かなくなるのは絶対に不可だ。その間にお客さまの生活環境や、投信に対する考え方が変化しているかもしれないからだ。放ったらかしは最悪の対応であり、諸悪の根源となる。

(2) 相場の急変時、聞かれる前に伝える重要性

ファンドに影響する事象が起こったら、その事実をなるべく早く伝える。株価・為替・金利などの変化を受けて基準価額がどう変わったか、各投信会社等のレポートを参考にして説明しよう。そうすることで、お客さまは「ありがとう、何かあったら、また教えてね」と安心するのだ。

逆に、連絡しなかったらどうなるか。お客さまから電話がかかってきてから、訪問して説明すると、お客さまはこういうはずだ。「それで、大丈夫なんですね」。担当者はもう一度、同じことを説明することになる。お客さまの不信感は増すだろう。

お客さまから電話がかかってきたのならまだいい。初めて投資信託を買ったお客さまはなおさらだが、お客さまはみんな「勧められて投信を買ったけど大丈夫かな。何かあったら担当者から連絡が来るだろうけど」と不安を抱えている。そして、相場に急変があると、心理状態は次のように変化していく。

・不安……「相場が急変したが何の連絡もない。大丈夫かな？」
・不信……「担当者は何かあったら報告しますといっていたが、電話も何もない。せっかく貯めたお金なのに、投資なんてしなきゃよかった」
・不満……「あの銀行の担当者は自分の都合のよいときだけ来て、悪いときには顔も出さない。とんでもない銀行だ。もうあの銀行とはつきあわない」

そして、不満が臨界点に達すると、怒り心頭のクレームになる。電話一本ですんだものが、その何倍もの時間を要する事態になってしまうのだ。

(3) 伝える言葉の重要性

アフターフォローの際には、相場の急変などの事実を、ポイントを突いたかたちでしっかりと説明する必要があるのは当然だが、それと同時に、お客さまに損失が発生したという事実を、われわれがどのように受け止めているのか、お客さまと感情を共有しているというメッセージを発すると、お客さまと販売担当者の双方にとって「救い」になることがある。

私はリーマンショックの時に一晩考えて、関西アーバン銀行の販売担当者たちにまずはお客さまに対して「残念です」といってみるように伝えた。お互いが望まないことが起こったときに、発する言葉として適切だと思ったからだ。このエピソードについては、第3章を参照してほしい。

(4) 相場ノートの作成

常日頃からマーケット（日経平均、為替、金利）の状況と基準価額の変化を記録したノート（注）を作成しておくと、お客さまに対して基準価額の変化の要因を的確に説明できるようになる。ノートの左側のページには、日付、その日の出来事（たとえば、米国金利の利上げ等）、日経225などの主要指標、右側のページには、投信の基準価額を書き込んでいく。さらに、ノートの下部に販売実績（約定日）等を記入しておくのも一案である（図表4－5）。

（注）このノートはあくまでも販売担当者の手控えである。これを用いて顧客に対する説明を行うも

のではない。

こうしたノートを作成することによって、販売担当者には相場観ができる。また、成約ノート（次項参照）の約定日を参照することで約定時の相場環境を簡単に振り返ることができ、基準価額の変化があった日に何があって、相場がどう動き、基準価額にどう影響したかがイメージできるようになる。

マンスリーレポートなどをおもちするときも、自信をもってお客さまへ説明できるようになり、お客さまの信頼感も増すだろう。とりわけ支店長が率先して作成すれば、支店長本人には自信がつくし、部下も作成し始めるだろうから、支店全体の底上げにつながる。お客さまからの信頼が増すことで、業績は向上する可能性が高くなる。

最近「岡下塾」を実施したある地域金融機関で、預り資産担当部署の担当者から弾んだ声で電話があった。「岡下顧問の話を聞いて、部長（執行役員）が相場ノートをつくり、マーカーで色塗りまでしていますよ」と。うれしい限りであった。この金融機関の二回目の「岡下塾」（支店長研修）では、「担当部長が相場ノートをつくられましたよ」と報告した。

(5) 成約ノートの作成

もう一つつくっておきたいのが、申込日と約定日などを記録しておく成約ノートだ。これも相

図表4－5　相場ノート

［ノート　左ページ］

日付		日経平均	NYダウ	東証リート		為替 米ドル	ユーロ	豪ドル		資源 原油	金		金利 10年国債 日本	米国

［ノート　右ページ］

投信基準価額

日経225	○○○○	○○○○	○○○○

代表的なファンドを
分配金も補記

○イベント（英EU離脱、米金利引上げ……）を書くための余白
・相場が大きく動いた要因を書いておくと、後から振り返ったときに便利
・運用報告書をみられたお客さまからの照会があったとき、「約定日」（購入された時）と比較して基準価額の変動を大まかに把握できる

図表4－6　成約ノート

申込日	顧客名	投・保	商品名	金額	約定日	約定・基準価額	約定時の話題 次回につなげる	セット定期満期日

大きめに

○約定日がポイント
　相場ノートに連動
○販売した時の「状況」「情景」をメモしておく
　髪型・服装（ブルーのシャツ）、ペットの名前、子どもの名前等、身近なことをメモ
○分配金は2回までは連絡する、その時……
　購入いただいた時の「状況・情景」から
　「お話いただいた、ワンちゃん、ラッキーちゃん元気ですね……」
　「この間のブルーのシャツ、素敵でしたね……」
　「その時、ご購入いただいた投資信託の分配金ですが……」

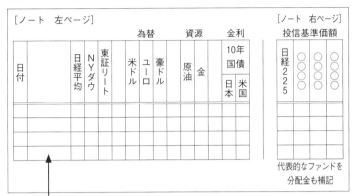

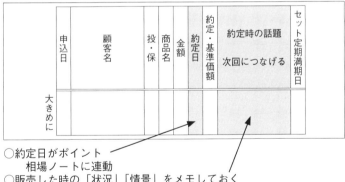

場ノートと同様に金融機関の正式な記録とは別につくる、担当者独自の手控え的なノートということになる（図表4－6）。

お客さまが投信を購入すると、三・六・九・一二月の一〇日前後に運用報告書が郵送で送付される。それをみたお客さまから問合せの電話があったとき、あるいは相場に変化があったときなどにこのノートと相場ノートを照らし合わせて参照すると、約定日と現在の相場環境がどう違うかが一目でわかる。相場環境の変化の概略をお話しし、保有ファンドのマンスリーレポートなどに基づく詳細情報の提供につなげればいい。お客さまはスピーディな対応に感謝されるだろう。

複数の商品を購入されたお客さまの場合、約定日がよくわからなくなってしまうので、手控えとしての成約ノートは特に有効である。約定日をふまえた対応ができれば、お客さまは「自分のことを知っていてくれるな」「きちんと情報を整理できる担当者だ」と安心し、信頼が深まるだろう。

もう一つのメリットとして、成約ノートに約定日とともに、その時のお客さまとの会話の状況等を細かく記しておくと、電話等での第一声を一味違うものにすることができる。たとえば、愛犬の名前を書き留めておけば、電話口で犬の鳴き声がしたら、「今日もラッキーちゃん元気ですね」という一言から会話をスタートし、その後の話もスムーズに展開できるはずだ。ほかにも「この間のブルーのシャツ、素敵でしたね」など、お客さまに関心をもっていることを示すようなことを伝えられるといい。こういう会話をできたお客さまとのアポイントメントがとりやすいか、とりにくいか、答えは明らかである。

6 本部の役割

何を評価するか

(1) 数字の中身を把握する

預り資産業務は「現場に答えがある」。そして、現場は本部の旗振りで変わる。本部が何を重視（評価）しているかによって、現場の動きが変わってくるということだ。

地域金融機関の本部では、販売金額、残高増減状況、残高有口座数などを把握しているが、やはり販売件数（除く積立）、販売先の分析、トレンドに対しての関心はうすいように感じている。トータルとしての表面的な数字は把握しているものの、その数字の内実をみていない。

販売件数は増加しているか？ 支店ごとの動向はどうか？ 増加（減少）していた場合、どんな理由が考えられるのか？ プロセスはどうか？ 接触間口は本当に拡大しているのか？ 現状は、本部の個人部門の人員数が少ないこともあって、そこまでみている銀行は少ないと思う。肝心なのは、新規のお客さまを開拓し、販売の間口を拡大することだ。それが安定的な販売実績、残高の着実な増加につながる。

販売件数が増加しているとすれば、そこには次のような要因があると推察される（減少の場合はこれらの逆になる）。

・販売できる人員が増えた（人づくり）。
・成功体験によりレベルが上がり打つ手が増えた（販売スキルの向上）。
・勧誘するお客さまの絞込みで選択と集中ができ、成果に結びついた（事前準備の徹底）。
・新規顧客が増加している（客づくり）。

また、本部として好調店・不振店の実態把握は重要である。好調店の成功事例のなかに全店的に実行すべき事柄があれば、本部からの伝達事項として他店にも伝播し、それを徹底していけばよいということになる。そして、さらに観点を変えた好事例等を伝播し続けていくことが重要である。施策の効果は朽ちていくものだからだ。

(2) けん制機能を果たす

預り資産業務推進活動におけるコンプライアンス上の問題として、「乗換え」の問題がある。

その根本原因は、狭い間口で一部の親密先だけを相手に販売活動を行っていることにあり、その実態は販売金額だけをみていたのではなかなか把握しづらい。

もちろん、乗換えがすべて悪というつもりはない。必要な場合ももちろんある。その「判断基準」は、コンプライアンス上のルールを遵守していることを前提として、その取引を「自分の家族や友人に対しても勧めるか？」に置くべきだ。自分の実績、銀行の収益のための取引であれば、やめたほうがよい。

本部の職員が支店に出向くときは、その支店の直近三カ月の販売、解約の状況をお客さまごとに名寄せして資金の流れをつかみ、販売実績が乗換えなのか、新規マネーの獲得なのか、それぞれの件数、金額、全体に占めるシェア等を算出してみるといい。

そして、支店長にその資料をみせ、分析結果について話す。支店長が日々の販売、売却状況を把握していても、「こういう整理の仕方はしていませんでした」ということであれば、「では今後は取り入れるように」ということになり、乗換え販売をチェックすることができる。

実績について検証すべきこと

では、本部は具体的に実績をどのように評価すればいいのだろうか。

図表4－7　支店同士の比較

	A店	B店
投信先数	150	130
うち新規先数	47	15
増加率	42%	13%
販売額（億円）	200	230
達成率	100%	100%
残高増減（百万円）	180	33
増加率	105%	11%

(1) 支店同士の比較

A、B二つの支店があったとする。両支店とも販売額、収益の目標は達成した（図表4－7）。

A店は新規四七先で先数は一・五倍に増加し、残高も倍増した。B店は新規一五先と先数は微増、残高も微増である。A店では、新規のお客さま、販売額、残高ともに増加している。このA店が、いま求められている預り資産営業のモデルケースだ。

一方、販売額だけをみるとB店はA店を上回っている。しかし、販売額ばかり追求すると、安易な「乗換え」に頼ることになる。B店は数少ない親密なお客さまに頼った営業スタイルであり、少ないパイでしか勝負していない。これではいつか先細りし、長続きはしないはずだ。

販売額の評価にあたっては、単にそのトータルの数字をみるだけではなく、「購入顧客数×単価」として購入顧客数を増やすことにスポットを当てることも必要だ。

⑵　一銘柄ファンド保有先の課題

投信をもつ人の保有銘柄ファンド数がなかなか伸びず、その多くが一銘柄にすぎないという事実については、金融庁の二〇一五年七月二八日付「金融モニタリングレポートの概要」でも指摘されている（P28「保有銘柄数からみた分散投資状況」）。

- ・検証先の銀行において、保有銘柄ファンドが1銘柄のみという投資家が過半数。
- ・2012年実施の日本証券業協会による個人へのアンケート調査においても、保有投資信託一銘柄ファンドの投資家数は約半分となっている。
- ・売れ筋商品の上位にリスクの比較的高い商品が並ぶことを踏まえれば、分散投資を奨励する仕組みが浸透しているとは言えない。

実際、ある地域銀行の投信顧客構成状況は次のようになっている

・一銘柄ファンド：　先数の五〇％　金額の二〇％

・二銘柄ファンド：　　先数の二〇％　　金額の二〇％
・三銘柄ファンド以上：　先数の三〇％　　金額の六〇％

日々の販売先は、二銘柄ファンドないし三銘柄ファンド以上保有先が大半である。そうだとすると、全投信口座数三万、一銘柄ファンド保有口座数一・五万、二銘柄ファンド保有口座数六〇〇〇、三銘柄ファンド保有口座数九〇〇〇とした場合、年間販売額四〇〇億円という実績について、次のような計算がおおよその実態として成り立つ（図表4－8）。

・三銘柄ファンド保有先の七割に三回ずつ販売：
九〇〇〇先×七割×三回×単価一六〇万円＝三〇二億四〇〇〇万円（約三〇〇億円）
・二銘柄ファンド保有先の六割に一回ずつ販売：
六〇〇〇先×六割×一回×単価一六〇万円＝五七億六〇〇〇万円（約六〇億円）
・新規先が二五〇〇先だったとすると：
二五〇〇先×一六〇万円＝四〇億円

二銘柄以上保有先は既保有ファンドを解約して、新たなファンドを購入しているとすれば、残高増加に寄与しているのは新規先の四〇億円しかない。こういう分析を重ねてみると、残高増加には新規のお客さまの拡大が絶対に必要であることがわかるはずだ。やはり「残高増加＝新規のお客さまの増加」という視点で実績を検証することが重要である。

図表4－8　保有銘柄数に応じた投信販売額の分析

	先数（残有）	シェア	販売額分析
3銘柄以上	9,000	30%	9,000先×7割×3回×1.6百万 ≒**300億円**
2銘柄	6,000	20%	6,000先×6割×1回×1.6百万 ≒**60億円**
1銘柄	15,000	50%	新規 2,500先×1.6百万 ≒**40億円**
投信先数	30,000	100%	**400億円**

また、本部としては、四〇〇億円の販売の内容が要チェックということになる。お客さまの購入資金は新規資金か、既保有ファンドの利益確定売りで得た資金かが検証されなくてはならない。また、販売先はキャッシュフローが潤沢な先なのか、豊富なストックからの新規購入なのか等もあわせて検証されるべきだ。

(3)　富裕層の投信比率

私が今まで調査した結果では、個人預金一〇〇〇万円以上保有先の投信比率は三〇%という高水準の金融機関もあるが、一〇～一五%がおよその平均といったところだろう。

富裕層は、ストックもキャッシュフローも十分な先が多い。まさに預り資産業務にうってつけのお客さまだが、証券会社とのつきあいも多い。しかし、証券会社と銀行を使い分けるお客さまもいるだろうから、あきらめることなくアプローチしてみることだ。

まずは預金残高一〇〇〇万円以上の先をリストアップして、その投信保有状況を確認し、だれがどのようにアプローチするかを明確にしたうえで、支店長を含めた幹部らがバックアップしながら推進に注力すべきだ。最初は金額にこだわらず、まずは保有していただくことを主眼に置いて推進すれば、保有先数シェアは三〇%までは高められるはずだ。

ここでいいたいのは、階層別にお客さまをセグメントしたうえで、投信の保有状況を把握する必要があるということだ。私がセミナーでそういう質問をしたので、気になって、後でデータベースをみて、はじめて自行のおおよその階層別保有状況を知ったという方もいた。どうもまだそういうところに着眼が及んでいないようだ。つまり、マーケット戦略が描けていない。営業戦略が明確に打ち立てられていないまま、旧態依然とした営業パターンを続けているケースが多いのではないだろうか。

⑷ 年代別の検証をしているか

年代別のお客さまの数、投信残高、販売状況、前年比の動向といった検証を行い、施策に反映させるべきである。若年層の取込みが課題になっているということもあるが、お客さまの年代に応じて潜在的なニーズは当然変わってくるわけだから、施策も変わってしかるべきということである（図表4－9）。

たとえば、六〇歳以上、七五歳くらいまでの顧客を検証した結果、六〇％に定期預金があり、その定期預金のあるお客さまの二五％に年金受取口座があって、投資信託保有者の三〇％にやはり年金受取口座があったとすれば、年金受取口座という生活口座を獲得し、キャッシュフローを押さえられれば、やはり投信購入も勧めやすいという結論になる。

四五～四九歳の金融資産が少ない資産形成層の給与所得者（国民年金の二号被保険者）に対しては、こんな提案はどうだろうか。子育ても終わりに近づき（三〇歳の時の子どもは二〇歳になっている）、自分の老後の生活設計に入る時期だ。そこで、ｉＤｅＣｏで税の恩恵を受けながら、たとえば毎月二万円、一〇年間の積立をして、年金の空白期間（六〇～六五歳までの五年間）で取り崩すという提案である。

毎年二四万円の掛け金が所得控除されるとすれば、所得税率が二〇％だとすると、毎年四万八〇〇〇円（二四万円×二〇％＝四万八〇〇〇円）の節税効果がある（住民税にも翌年度減税効果がある）。表現を変えると、二四万円の掛け金を年末調整で小規模企業共済等掛金控除として申告すれば、四万八〇〇〇円がキャッシュバック（還付）される。その分リスク許容度が増えることになるわけだから、年末調整で還付されたお金は「なかったもの」とみなして、「つみたてＮＩＳ

図表4－9　保有金融資産と年代に応じたお客さまのニーズ

［年齢と金融資産］

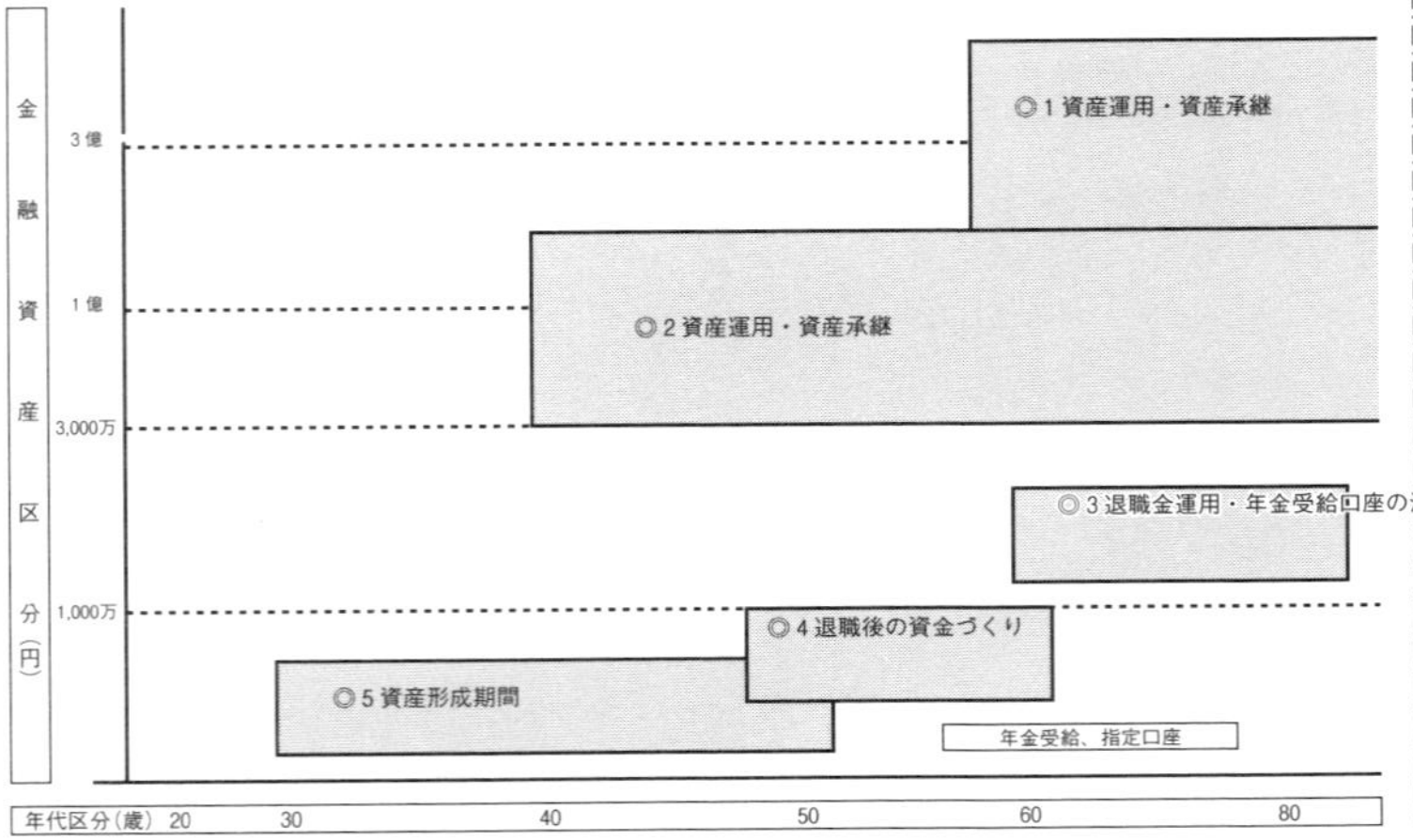

［年齢別取引状況（先数）］

・年代別、取引状況の把握
・自店の有力地域の取引状況の把握

（千人）

年令代	顧客数	年金先	定期有	年金先	投信先	年金先
90						
80						
70						
	内有力地域					
60						
55						
50						
40						
30						
20						
10						
計						

◎1と◎2　資産運用・資産承継：ニーズは必ずあるので、もれなく対応する。まずはお客さまを知ること。個別検討会で解決策。

◎3　退職金運用・年金受給口座の活用：3銘柄対策で成長・分配型を併せ持ち。退職後の平均余命を考慮し、妻の1人期間へ対応。使いながら資産寿命の延命を図る。

◎4　退職後の資金づくり：40歳台のiDeCoへの加入で無年金期間（60～65歳）へ対応（60歳支払、年間積立金は全額所得控除、自営81.6万円、会社員14.4万～27.6万円、公務員14.4万円）。

◎5　資産形成期間：70%が投資未経験者。職域・店頭で積立NISA、iDeCoを勧誘。店頭の顧客の6割は女性、子どもの学費準備の必要性を訴求。

（注）　本図表は本書で言及された銀行の資料ではなく、あくまでも個人的に作成したものである。

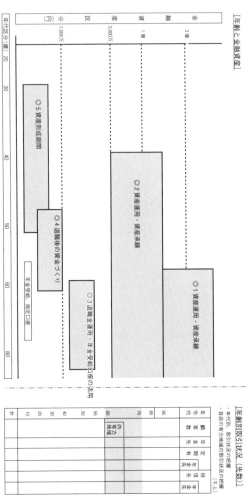

A」で投資に回せばいい。「一〇年間で四八万円のつみたてNISAでの投資ができる」という提案である（所得金額、控除金額が前年と同じであることを前提としている）。

私の提案は、職域セミナーを実施している金融機関の担当者から、「職域セミナーはテーマ選択がむずかしいですが、テーマをiDeCoとつみたてNISAに絞って、iDeCoでの節税分をなかったものとしてつみたてNISAでの運用に回すという説明は訴求力があります。iDeCoは知らない人がほとんどですからね」と好評である。

「つみたてNISA」は、二〇〜三〇歳の資産形成層にも話しやすいだろう。店頭でのつみたてNISAの成約事例は、お客さまが女性のケースが多いと聞いている。子育て中の女性であれば、学資保険とあわせて、教育資金の積立ニーズを喚起することも考えられる。

なお、毎月分配型投信の問題点が喧伝された結果、「分配型が販売上位に並ぶと、上司は快く思わない」などと聞くことがあり、長くこの業務に携わる者として、販売担当者の苦労を考えると残念に思う。分配型投信の販売状況については、販売先が六〇歳以上か否かの検証をすることが課題解決につながる。六〇歳以上であれば、生活資金のための分配金という選択は「あり」だからだ。一律に判断するのではなく、お客さまのニーズへの対応が正しく行われているかを検証すべきだ。

直近では、人生一〇〇年時代を展望して、資産寿命を延ばす取組みとして、弊社（三井住友アセットマネジメント）でも、定額分配に加えて定率取崩し型投信の取扱いをスタートし、生活のサポート役として好評を得ている。

預り資産業務の定着に向けて

最後に、図表4－10で私見として、預り資産業務を地域金融機関の安定した業務とすべく、どのようにお客さまをセグメントし、どのようなチャネルを使ってアプローチすべきか、稚拙なものだが、整理する意味でまとめてみた。図表4－11は私が本書で述べたことのまとめである。預り資産業務強化のためには、(1)組織における個人部門への理解を高めること、(2)実質的なサポート体制構築、(3)支店（現場）での実質的な取組強化が重要であることを強調したい。

当然のことだが、預り資産業務の発展のためには重要なことが二つある。

① 地域金融機関がお客さま本位の良質なサービスを提供する。

② そして地域のお客さまの資産形成をお客さまに寄り添って手助けする。

その結果、地域金融機関も安定した顧客基盤と収益を確保することができるだろう。地域のお客さまと真剣に向き合うことで、人生一〇〇年時代を見据えた資産寿命への対応など「預金から資産形成」への流れをサポートすることが可能になる。そこではお客さまと販売担当者の間でドラマが生まれ、お客さまからの感謝が地域金融機関に働く職員の誇りと自信につながる。それが金融機関の活力となって地域創生につながるのではないだろうか。

図表４－10　地域金融機関が預り資産業務を安定的なものにするためのポイント

お客さま ⇔ 銀行

対応	お客さまを知る	⇒	主な金融ニーズ（顕在化・潜在化）	⇒	課題解決策の提案
・往訪 （販売担当者） ・来店 （含む来店誘致） （販売担当者）	・取引経緯 ・お金の成因 ・お金の色分け ・家族への思い ・老後ライフプラン ・人生設計（若年層）	⇒	・資産形成 ・資産運用 （老後生活資金） ・資産承継 （贈与、相続など）	⇒	（金融商品） ・投資信託 ・積立 ・取崩し型 ・再投資型　など ・保険商品 ・信託商品
・ネット取引	①お客さまご自身の判断で約定、日経 225 等ネット取引活用多い ②相談は有人対応（コンサル）、約定（事務）はネットで取引				

（注）本図表は本書で言及された銀行の資料ではなく、あくまでも個人的に作成したものである。

図表4－11　預り資産業務強化のための3つのポイント

(1)　組織における個人部門への理解を高める

		（改善案）		（着眼点）
・個人部門の評価・位置づけの確立	⇒	・「本業」としての預り資産業務の位置づけの確立（人事、組織、表彰）	⇔	・個人取引は数字だけをみるのではなくプロセス管理が重要である ・施策は「徹底と継続」 ・施策の結果検証はスピード感をもって対応 ・現場での萌芽的現象、好事例の現場への伝播 ・対象顧客への対応状況、浸透率の分析 ・表層的な実績評価ではなく実質的か分析 ・ニーズの喚起、対応顧客数の妥当性の検証
・個人部門の独立 ・個人企画と推進の一体運営	⇒	・営業統括部（営業全体統治・企画）のもとに個人部門の企画と推進を担う組織を独立して設置（現状、推進部門と企画部門分離が多い） ・個人取引は、日々の現場の動向をとらえることが第一 （企画は企画部門、推進は推進部門という単純な分業ではない）		

(2)　実質的なサポート体制構築

		（効果）		（着眼点）
・ブロック（エリア）への販売支援体制の確立 支援専任担当者設置	⇒	・専任担当者は、販売支援と、教育指導も行う専任担当者の高いスキルで販売支援活動 ・サポート同行活動予定先の事前確認は必須 ・活動結果の支店長宛てフィードバック（確認サイン） ・支店長の専任担当者への感謝＝モチベーションアップ	⇔	・本部施策の「徹底と継続」を図る ・僚店のお客さまニーズ対応事例の応用、販売担当者のスキルアップにつながる ・販売担当者共通の悩みを解決することも可能 ・支援活動を通じ、店別課題の発掘

	(効果)		(着眼点)
・研修・教育の充実 座学的な研修（商品、マーケット、コンプラ）に実践的研修（ロープレ、好事例など）を加える ⇒	・研修目的は基本（商品、マーケット、コンプラ）の徹底 ・明日から使える、実践的研修（含むロープレ）を加える （例）　商品研修の後、即隣席の人とロープレで早期習得 ・販売担当者の悩みの解決やモチベーションアップ （僚店参加者との情報交換）	⇔	・形式に流れないようにする（時間の無駄） ・ディスカッションの時間を設けること テーマとして成功事例や、お客さまの動向や販売担当者としての課題、悩みなど ・出席者全員に可能な限り、発表してもらう工夫

(3) 支店（現場）での実質的な取組強化

	(効果)		(着眼点)
・支店長のかかわりを強める ・販売専担者任せから支店全体での取組みへ ・プロセス管理による見える化 ⇒	・支店長の関与：「任せる」から「一緒にやろう」体制へ （例）　手書きお礼状の発送で担当者モチベーションアップ、お客さまからの好反応＝担当者支援 ・対象とする「お客さま」は絞り込まれているか 一定額以上のお客さまへ感謝の気持ちで対応 ・タイミングとして「満期案内」「償還」「イベント情報」 ・活動の原点は「事前準備」がポイント ・「仮説」により「潜在化」したニーズ喚起	⇔	・個人預金に対する投信残高比率 ・投信保有先の分析 ・投信一定額以上のお客さまの比率 ・個人預金1,000万円以上先での保有比率 ・ファンド保有状況の把握 （例）　1銘柄先への対応の2つの効果 ・お客さまに疎遠を詫び、ニーズ把握に進展 ・担当者が商品に精通する効果

（注）本図表は本書で言及された銀行の資料ではなく、あくまでも個人的に作成したものである。

あとがき

銀行や協同組織金融機関による投資信託の販売は、いまから約二〇年前の一九九八年に解禁された。当時の金融審議会の答申によれば、投資信託は国民の中長期の資産形成にとって中核となる金融商品として位置づけられ、幅広い顧客基盤をもつ銀行がそれを取り扱うことで「貯蓄から資産形成」への流れができることが期待されていた。その後、銀行等における生命保険（一部）の取扱いも開始された

私は住友銀行（当時）で預り資産業務の立ち上げ時から同業務に関与し、合併後の三井住友銀行で個人リテール業務を中心に展開するブロックでの活動を担い、同行を去った後、関西さわやか銀行と合併して間もない関西アーバン銀行で、同行における預り資産業務の黎明期から一〇年にわたって同業務に携わった。現在、三井住友アセットマネジメントの顧問として、支店長や販売担当者向けに「岡下塾」（預り資産業務の研修）を開催しており、その回数は延べ一二〇回に及ぶ。

そうしたことから、地域金融機関における預り資産業務に係る組織や人事、推進状況、教育体制などに接する機会が多くあるのだが、預り資産業務が地域金融機関の本業に育っているか、当初期待されたように幅広い顧客基盤を活かし、投資信託をお客さまの資産形成の中核となる金融

商品とすべく取り組んできたか、そのための努力や工夫はなされているかと問うてみると、素直にイエスと答えられない場面が多々ある。

各地域金融機関での預り資産業務の位置づけ、販売の担い手の人事的な課題、仕事の目的が結果としての実績だけになっていないかなど多くの課題が目につく。業務の本質は「お客さまのために働く」ことであって、収益はその本質を追求した結果にすぎないということ、お客さまから信頼をいただき、「ありがとう」という言葉があふれれば、業績はおのずから拡大していくということなどを、経営側も現場も理解してほしい。また、投信販売に関する理念、販売戦略などについても、さらに理解を深める必要があると思うのである。

「岡下塾」では、預り資産業務の素晴らしさや、ニーズ喚起の着眼点、日々の活動の仕方など基本的なことの大切さを伝え、決して「銀行のため」ではなく、「お客さまのため」に働くことが結果として「選ばれる銀行」、そして「選ばれる担当者」になることにつながると、力を込めて話をしている。それと並行して、私のメガバンク、地域金融機関、投信会社という三つの舞台での経験の紹介を通じて、預り資産業務が「感動のビジネス」であるということを、地域金融機関で預り資産業務に携わる販売担当者や管理職の方々などに広く伝えたいと思ったことが、本書を刊行しようと思い至ったきっかけである。株式会社きんざいの協力を得て、一年がかりで何とか刊行することができた。

本書を書き終えた二〇一八年一二月は、米国の長期金利引上げの問題、米中貿易摩擦などの不透明感が漂い、株価も不安定な状態が続いている。地域金融機関の投信販売も低迷し、本部にお伺いすると「どちらかというと保険にシフトしている」という話をよく聞く。これは、既存の複数ファンド保有先を中心に販売活動をしてきた結果、相場低迷でお客さまへの動きが細ってしまっているということではないかと推測する。既存のお客さまだけに頼るのではなく、常に新しいお客さまを開拓していくことこそが預り資産業務における最大の活力の源であるが、現実の販売担当者の活動には厳しいものがある。

一方では「人生一〇〇年時代の到来」といわれ、長生きリスクの一つとして、「お金の寿命（資産寿命）」という話題が注目されている。各金融機関に備付けの「マネーの基本」等の手引書の一ページ目には、「お金は運用せずに使ったら数年でなくなってしまう」（たとえば、三〇〇〇万円は、ゆとりある生活のために年間一八〇万円取り崩すと、一六年あまりでなくなる）と図示され、資産運用によって資産寿命の延伸を図ることができると説明されている。いままさに原点に帰り、お客さまを知り、お客さまの人生一〇〇年の解決策のひとつとしての資産形成・運用を提案する時ではないだろうか。

具体的に提案するのは金融商品ではあるが、人生一〇〇年という話題は、お客さまやその家族の健康寿命、不治の病気になったときに延命措置を施すかどうかといった問題などを真剣に話すきっかけにもなるだろう。長生きリスクに対する解決策の一つとして、資産運用の必要性を理解していただき、金融商品を提案することは可能ではないか。いままさに投信販売活動の絶好の機会ではないのだろうか。

金融機関側から、この一年間で投信販売を取り巻く環境がどう変わったかを考えてみると、当局主導でお客さま本位な販売活動のＫＰＩ（Key Performance Indicator）、お客さまの総合損益状況、利益が出ているお客さまの割合や保有期間などの開示が進み、販売活動のあり方が「見える化」されつつある。その結果、販売額重視から残高増加重視への流れ、資産形成層への「積立」活用、毎月分配型から複数月の取崩し型商品への移行、証券子会社を活用した銀証連携の進展などが進んでいる。

地域の多くのお客さまに、資産形成が将来の生活設計のために必要であることを理解してもらい、人生一〇〇年時代への備えをサポートすることは、地域金融機関で働く人たちの大きな仕事である。収益という結果だけを追い求めると、現場の活動は商品、業績項目を中心としたものになってしまうから、プロセスが大事だ。活動の結果を支店経営などの指標として活用し、次の活動に生かす工夫が大切だ。

たとえば、預金が一定額以上あるお客さまに対して、資産形成の手段としての投資信託をどれだけ提案できたかを数値化して確認していくといったやり方は、パーワーセールスにはつながらないはずである。あるいは、積立投信を給与振込みのあるお客さまのうち何パーセントに提案できたか。結果、積立実施先は何先になっているか。年齢区分で加入率の高いゾーンはどこか。男女比率はどうなっているか。それはなぜか。こうしたことをスピード感をもって検証し、その結果を現場の活動に反映することで、より効果的な活動につなげることができるだろう。

投信一銘柄保有先に対しては、銘柄別のお客さまリストをつくって複数ファンド保有化を推進すれば、販売担当者は商品内容を理解・習得することになり、また集中して同一ファンド保有先をフォローすることでお客さまへの説明力も向上し、販売担当者のスキル向上に役立つ。新規のお客さまに契約いただくのと同じくらいの効果があると思う。

お客さまを増やすといっても、むやみやたらと口座を増やすのではなく、支店の近隣に所在するお客さまの比率、いわゆる店周比率や、年金受給先のなかでの投信保有比率、年齢別あるいは地域別の投信保有比率などを分析してみると、将来にわたってご利用いただけるお客さまづくりにつながる。

預り資産業務は、販売担当者がお客さまとのリレーション構築、ニーズ喚起から始まって、約定、購入後の相場変動時のアラーム等のアフターフォローまで一人で対応しなければならず、交渉内容はそのつど必ず記録する必要がある。まさに販売担当者が一人で仕上げる負担感の大きい仕事である。働き方改革が叫ばれているが、販売担当者が自信と誇りをもって活き活きとして働き、その姿をみたお客さまからも「元気をもらったわ」といわれるようになればいうことはない。

経営陣、本部スタッフ、支店長、販売担当者はもう一度基本に立ち返り、投資信託を資産形成の手段として地域のお客さまに幅広く案内し、預り資産業務をストックビジネスに育てていくべきである。本書がそのために少しでも参考になれば幸いである。

最後に、本書の刊行を助けていただいた方たちに謝辞を述べたい。

まず、刊行のきっかけにもなった「岡下塾」開催の機会をつくってくださり、自慢話だけの話を熱心に聞いてくださり、多くのご意見を寄せていただいた地域金融機関のみなさまに御礼を申し上げます。

業務ご多忙のなか、原稿の内容について、ご理解のうえご助言をしてくださった関西アーバン銀行の関係者のみなさまにも心から厚く御礼を申し上げます。

三井住友アセットマネジメントの営業企画部、広報課、大阪支店のみなさまにも多大な協力をいただきましたこと、感謝申し上げます。

刊行にあたり、過分のお言葉をお寄せくださった、三井住友アセットマネジメントの松下隆史社長、松本睦彦元三井住友銀行専務、北幸二関西アーバン銀行副会長には言い尽くせないほどの感謝の気持をもっています。

株式会社きんざいの花岡博出版部長には、約一年間という長きにわたっておつきあいいただき、構成から始まり、原稿につどたくさんの手を加えていただき、お陰様で何とか刊行にたどりつきました。最大の敬意と感謝の念でいっぱいです。
本当の最後に、好きな個人取引にかかわる仕事に専念できたのも、私を支えてくれた妻の心遣いがあったからこそだと感謝し、私の職業人生の集大成『預り資産業務の真髄』の筆を置きます。

平成三〇年一二月

岡下　和美

■著名略歴

岡下　和美（おかした　かずみ）

1950年生。69年住友銀行入行。支店勤務７カ店、本部で支店統括業務を経て、４カ店の支店長、３ブロックのブロック長を務める。2004年に関西アーバン銀行に入行し、同行の預り資産業務の立ち上げを主導。04年取締役兼執行役員、07年常務取締役兼常務執行役員、09年専務取締役兼専務執行役員、12年顧問。15年三井住友アセットマネジメント顧問に就任、預り資産業務の担当者や支店長を対象に「岡下塾」を主宰し、現在まで39の地域金融機関等で研修・講演を行っている。

KINZAIバリュー叢書
預り資産業務の真髄

2019年３月13日　第１刷発行
2020年４月24日　第４刷発行

著　者　岡　下　和　美
発行者　加　藤　一　浩

〒160-8520　東京都新宿区南元町19
発　行　所　**一般社団法人 金融財政事情研究会**
企画・制作・販売　**株式会社 き ん ざ い**
出 版 部　TEL 03(3355)2251　FAX 03(3357)7416
販売受付　TEL 03(3358)2891　FAX 03(3358)0037
URL https://www.kinzai.jp/

校正:株式会社友人社／印刷:三松堂株式会社

ISBN978-4-322-13298-4